KB264560

우리가 꼭 알아야 할

관혼상제

초판 1쇄 인쇄　2010년 2월 10일
초판 1쇄 발행　2010년 2월 20일

편　　역　　송영주
펴 낸 이　　배태수
펴 낸 곳　　신라출판사
등　　록　　1975년 5월 23일 제6-0216호
전　　화　　(02) 922-4735
팩　　스　　(02) 922-4736
주　　소　　동대문구 제기동 1157-3 영진빌딩
북디자인　　디자인 디도

ISBN　　　978-89-7244-098-7　03380

관혼상제

송영주 편역

신라출판사

　이 땅의 인간으로 태어나서 그 생활의 존귀한 가치를 찾는다면 예절을 알고 지켜나가는 데 있다고 하겠다.

　예의와 도덕은 정신문명이 발달한 사회일수록 조리있게 마련되어 지켜나가고 있으며 특히 우리나라는 예부터 예의지국으로 칭송되어 오늘에 이르렀던 것이다.

　비록 복잡하고 다단해진 사회가 되어버린 지금은 우리 시대에는 개인이기주의와 함께 간편 합리적이라 하여 무턱대고 서양식 생활 사조를 따르는 경향이 팽배해져 있었다.

　다행이 근래에 와서 우리의 전통 생활양식을 이해하고 좋은 점을 본받으려는 풍조가 확산되어 가고 있어서 무척 다행스럽다 하겠다.

　하기야 서구의 선진국들이 다투어 동양의 정신적 사상과 예의범절을 배우려 하고 있는 마당에 우리 스스로가 조상들이 남긴 윤리와 문화업적을 배척한 데서야 말이 되질 않는다. 깨닫고 있는 바, 앞으로는 실제의 의례에 즈음하여 올바른 예절을 알지 못하거나, 성의가 부족하여 소홀함을 '현대'라는 단어를 내세워 자기 편의대로 행하고 스스로를 호도하고 변명하는 것은 하지 말아야 할 것이다.

　조상들의 범례를 힘써 이해하고 이를 계승하면서 현실에 조화적으로 발전시켜 나가는 것이 전통적인 문화민족의 후예로서 오늘을 살아가는 도리라 할 것이다.

　그것이 세계 속에 빛나는 으뜸 민족의 지향하는 바이고 선진 국민이 되는 첩경이라고 생각한다.

　본서는 이러한 시점에서 잊혀져가는 우리의 전통의례가 정작 어떠한 것인지 누구나 쉽게 이해하고 생활에 활용할 수 있도록 꾸며 널리 활용토록 했다.

　예를 들면, 전통적 가정의례의 모든 절차와 서식, 소요품목을 총망라하고, 아울러 현행의 일반적 의례 및 각 종교의 가정의례법까지 수록하여 누구나 쉽게 답습하도록 편집하여 가정의 필수 지침서가 되게 하였다.

　본서는 명실 공히 신구의례의 사이에서 혼동이 없도록 실용적으로 꾸몄으므로 예제의 소란을 막아 정화하는 데 크게 기여할 것으로 믿어 의심치 않는다.

관혼상제 [冠婚喪祭]

혼례의 절차를 엄격히 따지던 옛날에는 까다로우면서도 삼서육례(三誓六禮)라 하여 그 격식이 매우 엄격했고 번거로웠으나 지금은 그렇게까지 할 필요는 없다. 의식의 간소화와 국민의례 준칙에 의해 간단하게 치루면 된다. 그러나 오랜 풍습과 관습이 각 지방마다 다르므로 몇 가지만 추려서 간단히 알아보기로 한다.

1 의혼(議婚)

먼저 신랑 집과 신부 집이 서로 사람을 보내서 상대편의 인물, 학식, 형세유무(形勢有無), 인품(이것은 상대편의 부모가 인자하고 좋은 사람인가를 알아보는 것) 등을 조사하여 양가에서 합의가 되면 허혼(許婚)하는 것이니 곧 의혼(議婚) 또는 면혼(面婚)이라고도 한다.

❶ 청혼편지(請婚片紙)

伏惟辰下에〔계절에 따라 적당히 바꿈〕尊體侯以時萬重이

仰素區區之至라

弟家兒〔손자라면 손아(孫兒), 조카면 질아(姪兒), 아우면 제(弟)로 함〕親事는

年及加冠이나 尚無指合處려니

近聞 某洞某氏 家에 閨養이

淑哲云하니 能其勸誘하여

使結秦晋之誼가 如何오리까.

餘는 不備禮謹拜上狀이오.

某年 某月 某日 弟 某拜上

[해설] 오랫동안 우러러 사모하옵는데 존체 대안하십니까. 제 자식이 혼사할 나이가 되었으나 아직 정혼한 곳이 없사온데, 요즘 들은 바에 의하면 모동 모씨 댁에 정숙한 규수가 있다고 하오니 권유하시어 혼사가 이루어지도록 하여 주심이 어떠하오리까.

❷ 청혼서(請婚書) 봉투

▶ 앞면 　　　　　　　　　　　　　▶ 뒷면

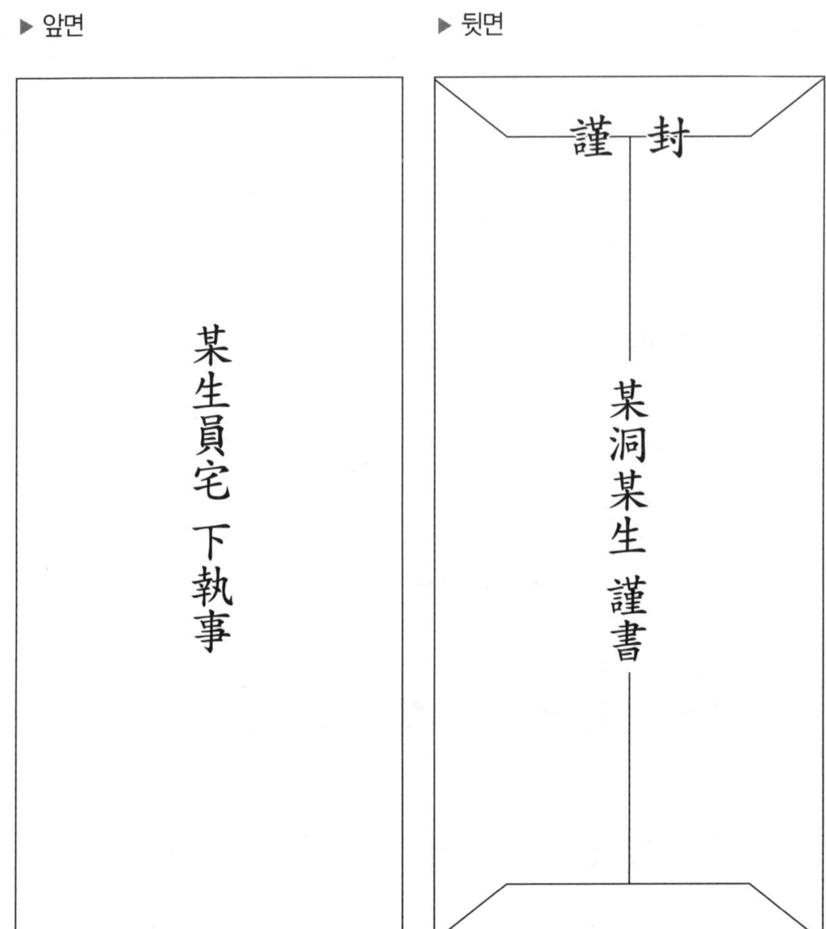

2 허혼(許婚)

청혼에 따라 양가 부모 사이에 승낙이 있으므로 혼인이 이루어지는 것이나 지금은 새로운 풍속에 의하여 신랑, 신부사이에 약혼(約婚)을 하고 약혼식을 거행하고 있다.

① 허혼편지(許婚片紙)

복 유 춘 원
伏惟春元에

존 체 동 지 후 만 중　　앙 위 구 구 지 지
尊體動止候萬重이 仰慰區區之至이오며

제 여 아 친 사
弟女兒親事는 [손녀면 손녀(孫女), 질녀면 질녀(姪女), 여동생이면 매(妹)라고 쓴다.]

불 비 한 루　　　　여 시 근 권
不鄙寒陋하시고 如是謹勸하시니

감 불 청 종
敢不聽從이오리까.

여 불 비 복 유　존 조　근 배　상 장
餘不備伏惟 尊照 謹拜 上狀

모 년 　모 월 　모 일 　제 　모 배 상
某年 某月 某日 弟 某拜上

[해설] 봄철에 존체 만안하옵시나이까. 저의 여식 혼사는 모형의 권유하심에 따라 좋은 인연을 맺고자 합니다.

③ 납채(納采＝四柱)

　　납채는 먼저 신랑 집에서 신랑의 생년(生年) 생월(生月) 생일(生日) 생시(生時)를 써서 편지와 함께 신부 집으로 보내는 것이며 보낼 때는 아침 일찍 일어나 편지와 납채(納采)를 보내면 신부의 집에서는 주인이 나와 편지 답장을 써서 주고 음식을 대접한 다음 돌려보내면 답장을 받은 신랑 집은 다시 이 사실을 사당에 고하는 것이다. 사주(四柱)는 간지를 다섯 번 접어 그 가운데 쓴다. 그리고 편지를 써서 함께 보에 싸서 보낸다.

　　납채를 보내는 뜻은 천간(天干) 지지(地支)에 의해서 궁합(宮合)도 보고, 또 혼사날짜를 정하는 택일(擇日)에 참고하기 위함에 있다고는 하지만, 이것은 형식에 불과하다. 신랑의 생년월일시(生年月日時)는 청혼(請婚) 당시에 이미 신부 측에 알려져서 궁합이 해롭지 않기 때문에 허혼이 됐으리라고 믿는다.

❶ 이때 보내는 편지

복 유 신 정　　존 체 후 이 시 만 중
伏惟新正에 **尊體侯以時萬重**이

앙 위 소 구 구 지 지
仰謂篠區區之至이오며

제 가 아 친 사
第家兒親事는 〔조부가 주혼이면 손아(孫兒), 백숙부가 주혼이면 질아(姪兒), 형이면 제(弟)라 함.〕

기 몽 계 허　　　　한 문 경 행
旣蒙契許하오니 **寒門慶幸**이오이다.

채 단 　 록 정
采單을 **錄呈**하오니

연 길 회 시 　 여 하
涓吉回示하심이 **如何**오리까.

여 불 비 복 유 존 조 근 배 상 장
餘不備伏惟尊照 謹拜 上狀

모 년 　 모 월 　 모 일
某年 某月 某日

김 해 후 인 김 　 재 배
金海後人 金○○ **再拜**

[해설] 엎드려 편지를 받자오니 매우 감사합니다. 근간에 존체 만중 하옵시
나이까. 제 자식의 혼사는 이미 허락하심을 받았사오니 저의 가문의
다행이며 경사이옵니다. 이에 채단을 보내오니 혼사일자를 회신하여
주심이 어떠하오니까.

❷ 납체서식(納采書式)

길이 10cm 폭 13cm정도의 백지를 다섯 번 접어 다섯 칸을 만든 후 그 한
가운데에 육십갑자에 따른 간지(干支)로 신랑의 생년월일 및 출생시(出生時)
를 쓴다.

경주후인 최 모
慶州後人 崔 某

갑자모월모일모시생원
甲子某月某日某時生原

을미정월오일
乙未正月五日

1. 사주(四柱) 쓰는 법

甲子正月初五日巳時生
갑자정월초오일사시생

2. 사주(四柱) 봉투

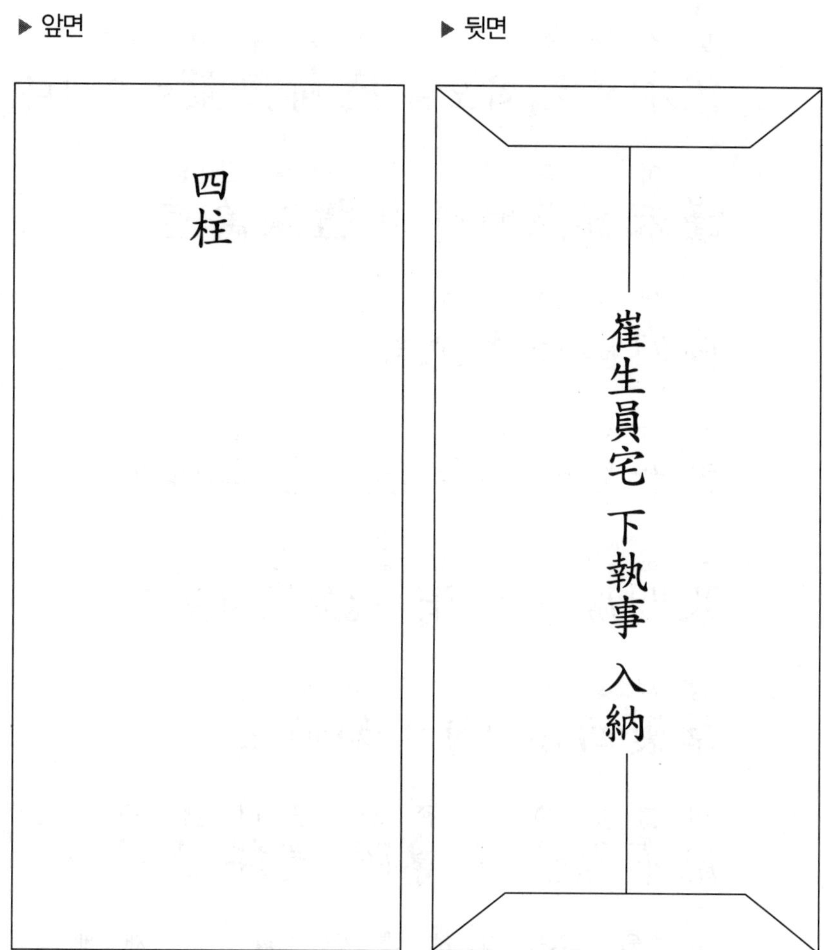

4 연길(涓吉=擇日)

연길(涓吉)이란 즉 택일(擇日)과 같다. 결혼식 일자를 정하여 보내는 것을 말하
며 신랑 집에서 사주(四柱)가 오면 신부 측에서는 결혼식 일자를 정하여 신랑 측
에 통지하는 것이며 연길(涓吉) 역시 편지와 같이 보낸다.

伏承華翰하오니 感荷無量이오이다.

謹未審玆時에 尊體候萬重이

仰慰區區之至라

弟女兒親事는 旣承柱單하오니

寒門慶事라 涓吉錄呈하오니

章製回示하심이 如何오.

餘不備伏惟 尊照 謹拜 上狀

年 月 日 金海后人 金○○ 再拜

[해설] 편지를 받자오니 감사한 마음 한량이 없습니다. 근간 내내 존체 만안
하십니까. 저의 여아 혼사는 개회 사주단자를 받자오니 가문의 경사
이옵니다. 혼례날짜를 택일하여 삼가 보내오니 신랑의 의복 치수를
알려주심이 어떠하오리까.

❷ **연길서식(涓吉書式)**

▶ 연길서식

際^제
尊^존
金海後人 金(手決)^{김해후인 김 수결}
某年某月某日某時^{모년모월모일모시}
年^년 月^월 日^일

▶ 연길봉투 쓰는법

涓吉

❸ **의제(衣製)**

연길(涓吉) 편지를 받은 신랑 집에서는 신랑의 의복 크기, 즉 옷의 길이와 품의 길이와 품의 크기를 신부 집에 알리는 의제상(衣製狀)을 보냈으나, 요즘은 대부분이 이러한 절차는 생략하고 당사자가 직접 양복점이나 양장점에 가서 의복을 맞추게 되므로 이상의 설명은 약한다.

5 납폐(納幣)

 납폐(納幣)는 신랑 측에서 신부용 혼수(婚需)와 예장(禮狀) 및 물목(物目)을 넣은 혼수함(婚需函)을 신부 측에 보내는데 이것을 납폐(納幣)라 하여 정해진 격식이 있다. 신랑 측 집안이 가난하면 청단과 홍단 치맛감을 납폐함에 넣을 뿐이나 부유한 신랑 측에서는 또 다른 옷감도 넣어 보낸다. 이것을 봉체라고 하는데 봉침이라고도 한다.

 납폐서장을 쓰는 종이는 백지를 길이 36cm 폭60cm 정도로 하여 9간(間)으로 접어 양편을 1간씩 비우고 7간에 쓴다.

① 예장(禮狀) 쓰는 법

시 유 맹 춘
詩惟孟春 [또는 중추(仲秋)라고 쓴다]

존 체 백 복 　 복 지 장 자
尊體百福　僕之長子 [또는 차자(次子), 삼자(三子), 손자일 때는 손(孫)이라고 쓴다]

모 　　　　　　 연 기 장 성 　 미 유 항 려 복 몽
某 [신랑 이름을 쓴다] 年旣長成　未有伉儷伏蒙

존 자 　 허 이 　 금 애
尊慈　許以　今愛 [손녀일 때는 손녀(孫女), 질녀일 때는 질녀(姪女)이다]

황 실 　 자 유 선 인 지 례
貺室　茲有先人之禮

근 행 납 폐 지 의 　 불 비 복 유
謹行納幣之儀　不備伏惟

尊^존照^조謹^근拜^배 上^상狀^장

某^모年^년 某^모月^모 某^모日^일

全^전州^주后^후人^인 李^이○○ 再^재拜^배

[해설] 때는 봄이 무르익은 계절이온데 존체 만복 하시옵나이까. 저의 장자 모가 이미 성장하여 배필이 없더니 높이 사랑하심을 입사와 귀중한 따님으로 하여금 아내로 맞게 해주시니 이에 조상의 선례에 따라 갖추지 못하였으나 삼가 납폐의식을 행하오니 살펴주시옵소서.

❷ 혼수(婚需) 봉하는 식

혼수를 봉할 때는 혼수함 안에 고운 종이를 깔고 먼저 예장(禮狀)을 넣은 다음 혼수 옷감을 함에 맞게 접어서 홍단(紅緞)을 먼저 담고 그 위에 청단(靑緞)을 담는다. 이때 혼숫감이 놀지 않도록 해야 한다.

홍보로 함을 싸되 네 귀를 잘 맞추어 싸매고 남은 끝을 모아 매고 종이를 감는다. 그리고 그곳에 근봉(謹封)이라 쓰고 진보배로 절망을 매고 관대참과 같이 농삼잠으로 싸서 다시 새끼로 절망을 맨다.

그리고 혼사일 전날에 함을 혼수아비(함진아비)로 하여금 신부 집에 보내는 것이다. 근래의 혼수아비는 신랑의 친구가 대행하는 수가 많다.

❸ 물목(物目) 쓰는 법

▶ 예장(禮狀) 봉투서식

上將
某生員

下執事

▶ 물목(物目) 봉투서식

物目

謹封

▶ 물목(物目) 서식

物目
玄 壹段
纁 壹段
際
年 月 日
某後人姓名

6 친영(親迎=婚行)

　친영(親迎)이란 신랑이 신부를 맞아오는 예(禮)를 말한다. 신부 측은 하루 전에 사람을 시켜 신랑이 잘 방에 요, 이불, 베개 등 주로 침구를 준비하게 하며 대문 밖에는 포장을 치게 하고 신랑이 입을 옷을 광주리에 담아 놓아둔다. 대문 밖에는 횃불을 밝혀서 신랑이 오는 것을 안내한다.

　신랑은 이른 아침 떠나기 전에 성복(盛服)을 하고 사당에 가서 고한다. 주인은 신랑을 시켜 술을 따라 맛보게 한 다음 가서 신부를 맞으라고 명한다. 이때 성복을 사모(紗帽)에 단령(團領)을 입고 혁대(革帶)에 흑화(黑靴)를 신는다. 옛날에는 청사초롱을 들고 앞에 많은 사람이 따랐으나 요즘은 평복차림으로 가서 혼례를 치를 때만은 사모관대의 차림으로 초례청에 들어간다.

　신랑이 말을 타고 신부 집으로 갈 때 목안(木雁)을 든 사람이 앞에 서서 가는 것이 풍속의 일종이다. 신부 집에 도착한 신랑은 말에서 내려 대문 밖에서 기다려 신부 집 주인은 신랑 집에서와 같이 사당에 고한다.

　한편 신부는 족두리에 연지를 바르고 황색 저고리에 홍색 치마를 입고 그 위에 활옷[袖衣]을 입고 수모의 부축을 받으며 밖으로 나와 동쪽을 향하여 앉으면 아버지가 동쪽에서 서쪽을 향하고 어머니는 서쪽에서 동쪽을 향해 앉은 다음 수모가 신부를 어머니의 곁 동북쪽에 서게 한 다음 시녀(侍女)를 시켜 술을 따라 신부에게 맛보게 하고 다시 신부를 어머니의 왼쪽으로 가게 하면 아버지가 일어나서 신부에게 말하기를 "항상 시부모님 말씀을 어기지 말고 공경하고 삼가라!"고 부탁을 하면 어머니는 딸의 차림을 매만져 주면서 서쪽 뜰까지 보내주고 하는 말은 "규문(閨門)의 예의를 어기지 말고 시부모님을 공경하고 내조의 힘을 아끼지 말라!" 고 당부하고 여러 가족들은 중문까지 마중을 해준다.

7 전안례(奠雁禮)

　전안례란 신랑이 대례를 치르러 신부집에 갈 때 기러기를 가지고 가서 초례상(醮禮床) 위에 놓고 절을 하는 의식이다. 옛날에는 산 기러기를 가지고 예를 올렸으나, 지금은 대개 나무로 만든 기러기를 사용한다.

　의식은 다음과 같다.

● 전안례(奠雁禮)의 진행

① 주인영서우문외(主人迎壻于門外) : 주인이 나아가 신랑을 맞이 한다.

② 서읍양이입(壻揖讓以入) : 신랑이 읍하고 들어온다.

③ 시자집안이종(侍者執雁以從) : 시자(侍者)가 나무로 만든 기러기를 가지고 신랑을 자리로 안내한다.

④ 서취석(壻就席) : 신랑이 자기 자리로 들어선다.

⑤ 포안우좌기수(抱雁于左其首) : 신랑이 기러기의 머리를 왼쪽으로 가도록 안는다.

⑥ 북향궤(北向跪) : 북쪽 정청 쪽을 향하여 꿇어 앉는다.

⑦ 치안우지(置雁于地) : 기러기는 소반 위에 올려놓는다.

⑧ 면복흥(俛伏興) : 일어난다.

⑨ 소퇴재배(小退再拜) : 약간 뒤로 물러서서 두 번 절한다.

  초례란 신랑·신부가 처음으로 만나 백년해로를 서약하는 의식으로 전안례 후에 이어지는 교배례(交拜禮)와 합근례를 합쳐서 부르는 말이다.

  신부집에서는 대청이나 앞마당에 동서로 자리를 깔고 남북으로 병풍을 친 다음 초례상을 한가운데에 놓고, 그 위에 한 쌍의 촛대를 켜놓고 송죽(松竹) 화병 두 개와 백미(白米) 두 그릇, 닭 한 쌍을 남북으로 갈라놓는다. 그런 다음 두 개의 세숫대야와 물을 준비하고 대야 안에 수건을 깔고 그 위에 물종자를 놓으며 술잔 두 개도 같이 준비해 둔다.

◉ 교배례(交拜禮)의 진행

① **학구소붕(鷽鳩笑鵬)** : 신랑이 초례청(醮禮廳) 동편 자리에 들어 선다.

② **모도부출(姆導婦出)** : 신부의 시자(侍者:한섬이라 함)가 신부를 부축하여 나오되 백포(白布)를 깔고 그 위를 밟고 나온다.

③ **서동부서(壻東婦西)** : 신랑은 동편에, 신부는 서편에서 초례상을 중앙으로 두고 마주선다.

④ **진관진세서관우남부관우북(進盥進洗壻盥于南婦盥于北)** : 신랑의 손 씻을 물은 남쪽에, 신부의 손 씻을 물은 북쪽에 놓는다.

⑤ **서부종자옥지(壻婦從者沃之)** : 신랑 신부 각각 손을 씻고 수건에 닦는다.

⑥ **부선재배(婦先再拜)** : 신부가 먼저 두 번 절한다.

⑦ **서답일배(壻答一拜)** : 신랑이 한 번 절한다.

⑧ **부우재배(婦又再拜)** : 신부가 다시 두 번 절한다.

⑨ **서우답일배(壻又答一拜)** : 신랑이 다시 한 번 절한다.

⑩ **서읍부각궤좌(壻揖婦各跪坐)** : 신랑이 신부에게 읍하고 각각 꿇어 앉는다.

⑪ **시자진찬(侍者進饌)** : 시자가 술잔을 신랑, 신부에게 준다.

⑫ **시자각침주(侍者各斟酒)** : 시자가 신랑, 신부의 잔에 술을 부어준다.

⑬ 서읍부제주거효(壻揖婦祭酒擧肴) : 신랑은 읍하고 술을 땅에 조금 붓고 안주를 젓가락으로 집어 상 위에 놓는다.

⑭ 우칩주(又斟酒) : 시자가 신랑, 신부 술잔에 다시 술을 붓는다.

⑮ 서읍부거음불제무효(壻揖婦擧飮不祭無肴) : 신랑은 읍하고 신부가 술을 마시되 안주는 먹지 않는다.

⑯ 우취근서부지전(又取巹壻婦之前) : 표주박을 신랑, 신부에게 준다.

⑰ 시자각침주(侍者各斟酒) : 시자가 잔에 술을 부어준다.

⑱ 거배상호서상부하(擧盃相互壻上婦下) : 신랑, 신부는 서로 표주박을 바꾼다.

⑲ 각거음(各擧飮) : 신랑, 신부는 술을 마신다.

⑳ 예필철상(禮畢撤床) : 예를 끝내고 상을 치운다.

㉑ 각종기소(各從其所) : 신랑, 신부는 각각 처소로 들어간다.

이상으로 혼례식이 끝나는 것이다. 혼례식 후에 관습상의 여러 가지 행사가 있으나 각 지방에 따라 약간씩 다르다.

9 상수(床需)와 사돈지(査頓紙)

상수는 신부 집에서 혼례식에 사용했던 음식물을 신랑 집에 보내는 것을 말한다. 이때에 상수송서장(床需送書狀)이라는 편지와 보내는 물품의 물목(物目)을 함께 보내게 되어 있으나 근래에는 생략하는 경우가 많다.

물목은 육어주과포(肉魚酒果鯆)의 순으로 적게 되었으며, 이때 속칭 사돈지라 하여 신부의 어머니가 신랑의 어머니에 보내는 편지가 있으니, 이때의 편지 내용과 음식의 솜씨 등으로 신부 집의 범절을 평가 받게 된다.

🔟 우귀(于歸)와 현구례(見舅禮)

우귀는 신행(新行)이라고도 하여 신부가 정식으로 신랑 집에 입주하는 의식이다. 근래에는 혼례식 당일에 예식장의 폐백실을 이용하여 폐백(幣帛)을 올림으로써 대행하는 것이 통례로 되어 있다.

현구례는 신부가 신랑의 부모와 친척들에게 첫인사를 하는 의식으로서 우귀일에 하는 것이다. 이때 신랑의 직계 존속에게는 술을 올린 다음 사배(四拜:네번 절) 하고 그 외에는 한 번 절한다.

옛날에는 대청에 병풍을 치고 시부(媤夫)는 동편에 시모(媤母)는 서편에 앉아 주안상을 앞에 놓은 자리에서 신부의 배례를 받게 되는데, 시조부모가 생존 중일지라도 시부모부터 뵙고 난 후에 시조부모를 뵙게 되어 있으며 그 후 촌수와 항렬의 순서에 따라 인사를 드린다.

1️⃣1️⃣ 폐백(幣帛)

혼례식을 마친 후 신랑 집 예식장일 경우는 폐백실에서 행하는 의식으로서 신부가 신랑의 가족을 정식으로 초대면 하는 절차를 폐백이라 한다. 폐백에는 대추와 꿩을 쓰는데 대추는 시부에게, 꿩은 시모에게 드리는 것이다. 시부만 계시면 대추만, 시모만 계시면 꿩만 쓴다. 시부모가 없으면 폐백은 드리지 않는다.

이 절차가 끝나면 구식에서 말하는 우귀의 행사를 대행한 것이 됨으로 신부는 신랑의 가족이 된 것이다.

한편 신랑은 신부 집(처가)으로 가서 장인, 장모를 찾아가 뵙고 인사를 드린다. 신부 집에서는 신랑을 마치 귀한 손님을 대하듯이 세 순배 또는 다섯 순배 대접한다.

옛날에는 친영(親迎)이라는 것이 있었으나 근래에는 행하지 않는 사람이 많다.

12 고과살(孤寡殺)

고과살이란 생년(生年)을 대조해서 이 살(殺)에 걸리면 부부가 생사이별수(生死離別數)가 있기 때문에 고독하고 과부가 되는 수를 말한다.

① 돼지띠(亥), 쥐띠(子), 소띠(丑)를 가진 사람으로서 범띠(寅)와 만나면 고독살이 되고, 개띠(戌)를 만나면 과부살이 된다(亥子丑生 寅孤 戌寡殺).

② 범띠(寅), 토끼띠(卯), 용띠(辰)를 가진 사람으로서 뱀띠(巳)와 만나면 고독살이 되고, 소띠(丑)를 만나면 과부살이 된다(寅卯辰生 巳孤 丑寡殺).

③ 뱀띠(巳), 말띠(午), 양띠(未)를 가진 사람으로서 잔나비띠(申)를 만나면 고독살이 되고, 용띠(辰)만나면 과부살이 된다(巳午未生 申孤 辰寡殺).

④ 잔나비띠(申), 닭띠(酉), 개띠(戌)를 가진 사람으로서 돼지띠(亥)를 만나면 고독살이 되고, 양띠(未)를 만나면 과부살이 된다(申酉戌生 亥孤 未寡殺).

이외에도 하늘이 낸 과부살이 있고 땅이 낸 과부살이 있으니, 어느 달을 말할 것 없이 토끼날(卯日)에 출생하거나 닭날에(酉日) 출생하면 이 살에 걸리니 이 날에 출생한 사람은 과부가 된다는 뜻이다(每月 卯日 天寡殺 每月 酉日 地寡殺).

📳 혼삼재(婚三災)와 불혼법(不婚法)

❶ 혼삼재

혼삼재는 상극(相克)이 되는 띠와 띠가 만나게 되면 혼삼재에 걸리게 되는데, 해당 부부는 생사이별(生死離別)하게 되고, 가산(家産) 패수(敗數)하며 병액(病厄)으로 고통을 받고 모든 일이 중도에서 좌절하게 된다.

범띠 · 말띠 · 개띠로 태어난 사람이 쥐띠 · 소띠 · 범띠를 만나면 삼재가 되고, 돼지띠 · 토끼띠 · 양띠로 태어난 사람이 말띠 · 개띠 · 돼지띠를 만나면 삼재가 되고, 잔나비띠 · 쥐띠 · 용띠로 태어난 사람이 말띠 · 양띠 · 잔나비띠를 만나면 삼재가 되고, 뱀띠 · 닭띠 · 소띠로 태어난 사람이 토끼띠 · 용띠 · 뱀띠를 만나면 삼재가 된다.

❷ 불혼법

이 불혼법은 출생한 달을 상대로 하여 궁합을 보게 되는 것으로 해당 부부는 이별하게 되며 자손이 없거나, 가난하거나, 병액이 있거나 또는 갖은 풍파가 일어나서 불행하게 된다는 것이다.

① 一月生 남자는 六月生 여자와 혼인을 하지 않는다.
② 二月生 남자는 三月生 여자와 혼인을 하지 않는다.
③ 三月生 남자는 九月生 여자와 혼인을 하지 않는다.
④ 四月生 남자는 五月生 여자와 혼인을 하지 않는다.
⑤ 正月生 남자는 八月生 여자와 혼인을 하지 않는다.
⑥ 六月生 남자는 五月 · 七月生 여자와 혼인을 하지 않는다.

⑦ 七月生 남자는 十一月生 여자와 혼인을 하지 않는다.

⑧ 八月生 남자는 十二月生 여자와 혼인을 하지 않는다.

⑨ 九月生 남자는 十月生 여자와 혼인을 하지 않는다.

⑩ 十月生 남자는 五月, 四月生 여자와 혼인을 하지 않는다.

⑪ 十一月生 남자는 二月生 여자와 혼인을 하지 않는다.

⑫ 十二月生 남자는 五月生 여자와 혼인을 하지 않는다.

❸ 삼재법(三災法)

삼재(三災)란, 수재(水災) · 화재(火災) · 풍재(風災)를 말하며, 병난, 질역, 기근 등도 포함된다.

이 같은 나쁜 재액은 3년간 계속되니, 이 기간에는 매사에 조심하고, 특히 건강 · 가정 · 사업에 각별한 주의가 필요하다.

다음의 위쪽 띠는 아래쪽 해에 삼재가 든다.

1. 생년의 띠(위)

申(잔나비)	亥(돼지)	寅(범)	巳(뱀)
子(쥐)	卯(토끼)	午(말)	酉(닭)
辰(용)	未(양)	戌(개)	丑(소)

2. 해당연도 띠(아래)

寅(범)	巳(뱀)	申(잔나비)	亥(돼지)
卯(토끼)	午(말)	酉(닭)	子(쥐)
辰(용)	未(양)	戌(개)	丑(소)

❶ 육십갑자 병행음표(六十甲子 竝行音表)

甲子 乙丑	海中金	甲戌 乙亥	山頭火	甲甲 乙酉	泉中水
甲午 乙未	沙中金	甲辰 乙巳	覆燈火	甲寅 乙卯	大溪水
丙寅 丁卯	爐中火	丙子 丁丑	澗下水	丙戌 丁亥	屋上土
丙申 丁酉	山下火	丙午 丁未	天河水	丙辰 丁巳	沙中土
戊辰 己巳	大林木	戊寅 己卯	城頭土	戊子 己丑	霹靂火
戊戌 己亥	平地木	戊申 己酉	大驛土	戊午 己未	天上火
庚午 辛味	路傍土	庚辰 辛巳	白蠟金	庚寅 辛卯	松柏木
庚子 辛丑	壁上土	庚戌 辛亥	釵釧金	庚申 辛酉	石榴木
壬申 癸酉	劍鋒金	壬午 癸未	楊柳木	壬辰 癸巳	長流水
壬寅 癸卯	金箔金	壬子 癸丑	桑石木	壬戌 癸亥	大海水

◉ **男金女金**[용이 고기로 변한 격(龍變化魚)]

남녀가 같이 거한즉 불길하니 평생을 무익하게 지내고 우마와 재물이 자연히 없어지고 관재수와 재앙이 많이 생기리라.

◉ **男金女木**[고기가 물을 잃은 격(游魚失水)]

극목하니 관재와 재난이 있으며 가내가 화목치 못할 것이요, 우마와 재산이 사라지고 부부 이별하여 독수공방할 운이로다.

◉ **男金女水**[사마가 짐을 얻는 격(駟馬得馱)]

금생수하니 부부 화목하고 가도가 넉넉하여 겨울을 지난 초목이니 자손이 만당하여 효도하고 영화가 무궁하리라.

◉ **男金女火**[병든 말의 무거운 짐(病馬重馱)]

화극금이니 백년을 조심할 격이니라. 재물이 자연히 패할 것이요, 이별수가 있고 혹 자손을 두었으나 기르기 어려우리라.

◉ **男金女土**[신선이 토목을 얻을 격(仙得土木)]

토생금이니 부귀공명 할 격이로다. 자손이 번성하고 노비 전답이 많으며 거룩한 이름을 세상에 떨치니 평생 근심이 없으리라.

◉ **男木女金**[누운 소가 풀을 진 격(臥牛負草)]

금극목하니 불길하도다. 부부가네 오래 동거치 못할 것이요, 재산이 풍족하지 못하여 자손의 근심이 있으며 재익이 많으리라.

◉ **男木女木**[닭과 개를 잃은 격(主失鷄犬)]

평생에 길흉이 상반하리라. 부부 화목하여 생남 생녀할 것이요, 재산이 풍족치는 못하나 일생 굶주리지는 아니하리라.

◉ **男木女水**[새가 매로 변한 격(鳥變成鷹)]

수생목하니 부부 금슬이 지극하고 자손이 효성하며 친척 화목하고 복록이 가득할 것이요, 수명을 누리고 이름도 떨치게 되리라.

◉ **男木女火**[여름에 부채를 얻은 격(三夏逢扇)]

목생화하니 자손이 만당하고 복록이 창성할 격이리라. 평생을 금의옥식
으로 부러울 것이 없으며, 복이 오고 재앙은 사라지리라.

◉ **男木女土**[겨울에 옷을 만드는 격(入冬裁依)]
목극토하니 부부 금슬이 불합할 것이요, 친척과 화목치 못하고 자손이
불효하며 패가망신하기 쉬우리라.

◉ **男火女水**[늙은이가 다리를 건너는 격(努脚渡橋)]
수극화하니 만사 대흉하여 상처 할 격이요, 일가친척이 불화하고 재물
수극화하니 만사 대흉하여 상처 할 격이요, 일가친척이 불화하고 재물이
없으리라.

◉ **男水女金**[삼객이 동생을 만난 격(三客逢弟)]
금생수하니 부귀할 격이라. 자손이 창성하며 생애가 점점 족해지고 친척
이 화목하며 노비전답이 많으리라.

◉ **男水女木**[상어가 용이 된 격(鮫變爲龍)]
수생목하니 재산이 왕성하며 영화가 무궁하고 공명이 또한 겸비하여 자
손이 만당하니 평생에 기쁜 일뿐이리라.

◉ **男水女水**[병든 말이 침을 만난 격(病馬逢針)]
수상합하니 부귀할 격이요, 부부 금슬이 중하고 일가가 화순하며 전답이
사면에 가득하고 자손이 창성하여 일생 안락하리라.

◉ **男水女火**[꽃이 떨어지고 여름을 만난 격(火落逢暑)]
수화 상극하니 부부 불순하고 자손이 불효하며 일가친척이 화목치 못하
고 자연히 재액이 이르니 패가하리라.

◉ **男水女土**[만물이 서리를 만난 격(萬物逢霜)]
수토가 상극하니 금슬이 화목치 못하고 자손이 불효하여 가도가 자연히
패하고 재물이 없고 상부(喪夫)할 격이로다.

◉ **男火女金**[용이 여의주를 잃은 격(龍失明珠)]
화극금하니 불 가운데 눈같이 사라지고 믿을 것이 없도다. 자손이 극귀
하고 인륜이 어지러워 재앙이 많고 재물이 사라지리라.

◉ **男火女木**[새가 변하여 학이 되는 격(鳥變成鶴)]

목생화하니 만사 대길하고 부부 화합하여 자손이 효행하고 사방에 이름을 떨치어 석숭 같은 부자에 고관의 벼슬을 얻으리라.

◉ **男火女火**[용이 변하여 고기가 된 격(龍變爲魚)]

양화가 서로 만나니 길한 것이 적고 흉액이 많도다. 재물이 흩어지고 부부 불화하고 자손이 없으며 화재로 패를 보리라.

◉ **男火女土**[사람이 신선으로 변하는 격(人變成仙)]

화생토하니 재물이 풍족하고 자손이 창성하며 일생 근심이 없고 부귀 복록이 자연히 이르며 도처에 이름을 떨치리라.

◉ **男土女金**[새가 변하여 매가 된 격(鳥變成鷹)]

토생금하니 부부 해로하여 자손이 창성하고 부귀 공명이 겸전하여 재물이 산고 같고 노비가 집안에 가득하리라.

◉ **男土女木**[마른 나무가 가을을 만난 격(枯木鋒秋)]

목극토하니 부부가 서로 불화하고 관재 구설이 빈번하게 이르며, 겉은 비록 부유하니 안으로 가난할 것이니라.

◉ **男土女水**[술 마시며 슬픈 노래를 부르는 격(飮酒悲歌)]

토극수하니 자손이 비록 있어도 동서로 흩어질 것이요, 부부 지간에 생이별하고 가산도 탕진하리라.

◉ **男土女水**[고기가 용이 된 격(魚變成龍)]

화생토하니 부부간의 금슬이 중하고 자연히 부귀할 것이요, 효자 효부를 두어 즐거움을 누리고 노비 전답이 즐비하리라.

◉ **男土女土**[가지마다 꽃이 핀 격(開化滿枝)]

양토가 상합이라. 자손이 창성 할 격이요, 부귀할지로다. 금의옥식에 풍류객이 되어 고루 거각에 앉아 영화를 누리리라.

1 맞선

근래에 와서는 혼인에 있어서도 문화문물의 발달과 함께 까다롭고 복잡한 삼서육례(三誓六禮)에 의한 혼인절차는 찾아 볼 수 없게 됐다. 그러나 신식 혼례도 옛날 의식을 바탕으로 삼고 있음은 물론이다. 옛 의식절차를 간소화함과 아울러 서구식 의식절차가 가미된 현대식 결혼은 당사자의 성격은 고사하고 얼굴조차 보지 못하고 시집을 가야만 했던 비인권적 관습으로부터 여인들을 구제하여준 계기가 되었다고 할 수 있겠다.

현대의 혼인은 대개 자유스러운 연애로 이루어지나 중매를 할 때에도 맞선을 보고 얼마간의 교제 과정을 갖는 것이 상례이다. 맞선을 보는 장소에는 양가의 어른이 동행을 하게 되지만 경우에 따라서는 당사자끼리만 만나보는 경우도 있다. 상견한 후에 서로 호감이 가면 좀더 상대방을 알아보기 위해서 교제를 계속하게 된다. 만일 교제 중에 마음에 들지 않는 경우는 절교하면 그것으로 끝나는 것이다.

거의 당사자 위주인 현대 혼인은 당사자의 인격을 중요시하는 것이 옛날 혼인과는 근본적으로 다른 것이다.

당사자가 교제를 해서 애정이 싹트게 되면 부모의 허락을 받아 일가친지들의 축복 가운데 혼례식을 올리고 부부가 되는 것이다.

요즘은 결혼상담소라는 전문적인 중매업소가 있어 초 재혼을 불문하고 의뢰자로부터 청을 받아 맞선을 보도록 알선하여 준다. 이곳을 이용하는 사람들은 대개 친지나 교제성이 없는 사람이 이용하고 있다.

가까운 옛날만 하더라도 규수들이 선을 여러 번 보았다는 것만으로도 하나의 흠이 되어 소문이 나면 혼기를 놓치는 불행이 있었으나 결혼상담소는 그런 폐단이 없어 그 이용도가 날로 높아가고 있다.

하여간 맞선을 보고 교제를 하고 결혼을 해서도 한 가정이 불행하다면 거기에는 무엇인가 잘못 선택한 탓이리라. 연분이 안 맞는다고 운명으로 돌리기에는 현대인으로서는 맞지 않는 논법이다.

2 약혼(約婚)

혼인할 당사자들이 혼인할 것을 약속하는 것이 약혼이다. 양가 합의하에 길일(吉日)을 받아 어른들과 친척 친지들 앞에서 두 사람이 정혼(定婚)하였음을 알리는 것이기도 하다.

약혼식은 신부 집에서 소연을 베풀고 신랑측은 사주단자(四柱單子)를 보내는 구식절차를 바탕으로 하는 외에도 요즘도 약혼 장소로 호텔 연회실이나 큰 음식점에서 사회자의 사회에 따라 거행되는 이른바 신식 약혼식이 보통이다.

그 절차를 살펴보면 가족적인 분위기 속에서 양가를 잘 아는 사람이 사회를 보게 되며 사회자는 약혼식을 선언한 다음에 양인의 약력(略歷)을 소개하고 선물 교환을 한다.

선물은 대개 남자 편에서는 반지를, 여자 편에서는 시계를 주는 것이 보통이나 요즘은 가정의례준칙에 따라 주지 않는다. 그러나 일생의 중대사이니 만큼 조그

마한 선물이라도 주고받는 것이 피차에 기념이 될 것이다.

선물 교환이 끝나면 두 사람을 양쪽 가족들에게 일일이 인사시키고 소개하면 약혼식은 끝난다. 이어서 간단한 회식을 하게 되는데 이때에 서로 대화가 오고 가는 자리에서 비록 친숙한 사이일지라도 언행에 조심성을 갖도록 해야 한다.

그리고 대개는 약혼서(約婚書)를 작성치 않으나 반드시 작성하여 두는 것이 좋다. 만약에 아무런 이유도 없는데 일방적으로 파혼을 당한 쪽에서는 약혼서는 필요한 존재가 된다. 요즈음은 약혼을 하고 나서 파혼을 하는 예가 늘어나고 있는데, 이는 그만큼 약혼이란 것을 하나의 교제 이상으로 생각지 않은 몰지각한 사고 방식일 것이다.

약혼이란 이미 정혼(定婚)하였다는 것인 만큼 혼인(婚姻)한 것과 다름이 없는 것이다. 오직 혼례식을 치르는 절차만 남아 있을 뿐이다.

◉ 약혼서식

약 혼 서

본적
주소
성명   년   월   일생
본적
주소
성명   년   월   일생
위 두 사람은 혼인할 것에 이에 서약합니다.
첨부   1. 호적등본 1통
       2. 건강진단서 1통

동의자
(남자측)
(여자측)

● 종교 의식의 약혼

여러 종교 중에서도 교인이 비교적 많은 기독교의 약혼식을 살펴 보기로 한다.
기독교에서는 목사가 주례자겸 사회자가 되어 식을 진행한다.
교과에 따라 진행상에 다소의 차이는 있으나 대개 다음과 같이 진행한다.

① 개식사 : 목사는 신랑, 신부를 가운데 앉혀놓고 약혼식을 거행하겠다는
　　　　　 말과 아울러 간단한 성경구절을 인용하여 약혼의 중요성을 인
　　　　　 식시킨다.
② 기도 : 결혼 때까지 하나님의 뜻에 따라 살수 있도록 은총을 베풀어 달
　　　　 라는 기도를 한다.
③ 문답 : 대개는 이를 생략하고 성경 위에 양인의 손을 얹게 한 다음 약속
　　　　 을 하게 한다.
④ 선물교환 : 주례목사가 공개한 뒤 신랑, 신부에게 돌려주면 각기 서로
　　　　　　 교환한다.
⑤ 주례사 : 하나님의 뜻 가운데서 하나님의 자녀답게 살라는 부탁과 아울
　　　　　 러 약혼과 결혼은 엄연히 다른 것임을 인식시키고 결혼 시까
　　　　　 지 순결한 교제를 계속하라는 간단한 설교를 한다.
⑥ 찬송 : 이를 생략하는 수도 있다.
⑦ 폐식사 : 식을 마친 뒤의 여흥은 임의로 하되 이때의 사회자는 대개 신
　　　　　 랑의 친구가 된다.

천주교식 약혼은 〈한국 카톨릭지도서〉에 다음과 같이 기술하고 있다.
「약혼은 혼배를 하자는 계약이다」
약혼은 문서로 하고 당사자의 서명날인과 본당 신부나 감독, 또는 두 증인
의 서명날인이 있어야 한다. 당사자들이 글을 모르거나 쓰지 못하는 경우에
는 두 증인이 그런 사유까지 기입하고 서명날인한다.

이런 방식으로 하지 않은 약혼은 사사로운 약혼에 불과하다.

이와 같이 천주교식 약혼에 있어서는 문서라는 것이 무엇보다도 중요시되며, 약혼자는 교리에 따라 절대로 육체관계나 한집에서 동거함을 금한다.

가정의례준칙에 의한 약혼은 당사자가 합의한 후 호적등본과 건강진단서를 첨부한 별지 서식(書式)에 의한 약혼서(約婚書)만을 교환하고 약혼식은 거행치 않는다. 약혼을 끝낸 예비 신랑 신부는 결혼식을 친지들에게 알리기 위한 청첩장을 충분한 시일을 두고 준비하여야 한다.

3 결혼식(結婚式)

결혼식이란 남녀 한 쌍이 부부가 되어 백년해로 할 것을 하늘과 부모를 위시한 여러 어른들 앞에 맹세하는 의식이니 만큼 경건하면서도 간소하게 치루도록 한다.

결혼식 날짜는 대개 약혼식 때에 정하는 것이 상례이나 혼사준비나 당사자 직장 형편 또는 예식장 선택 등으로 약혼 후에 택일(擇日) 하기도 한다.

요즘의 결혼은 주로 예식장을 이용하여 거행하는 경우가 많은데, 결혼 예식을 전문적으로 하는 상업적 식장인 만큼 신부화장을 위한 미용실로부터 전속 사진상, 고급전세차, 녹음시설, 피로연회장 등, 심지어는 전속 주례자까지 대기시켜 놓고 있으니 참으로 편리한 시대라고 말하지 않을 수 없다.

소위 길일(吉日)이라는 날에는 예식을 올리는 수가 많아서 혼잡함은 물론이려니와 다음 사람에 밀려나듯이 시간에 쫓기어 총총히 예식을 마치는 수가 많다. 이럴 바에는 차라리 당사자들이 형편에 맞추어 비교적 한가한 평일을 택하여 여유 있게 예식을 치루는 것이 미신타파를 곁들인 진보적 선택이 아닐까 한다.

謹　　啓

○○○氏　長男　○○君
○○○氏　令愛　○○孃

右兩人 結婚式 如左擧行干 玆敢奉邀 尊駕辛賜
萬光 之榮 代望

一, 式場　　市　邑　里　番地(新婦自宅)
一, 干歸　　月　日
一, 侍日　　年　月　日
　　　　　　(月　日) 上(下)午　時
　　　　　　親族代表○○○(新郎便)
　　　　　　　　　　　　　〃 ○○○(新婦便)

　　　　　　右人代表(新郎便)
○○○氏
同今夫人　　　　　　　　　　　　座下

請牒狀

　　○○○氏 次男　○○君
　　○○○氏 次女 ○○孃

　이 두 사람의 婚禮를 ○○○博士의 主禮로 ○月 ○日 (○
曜日) 上午○時 ○○禮式場에서 擧行하게 되었사오니 光臨
의 榮을 베풀어 주시옵기 敬望하나이다.

　　年　　月　　日
　　　右人代表　　　○○○
○○氏 座下

청 첩 장

ㅇㅇㅇ씨 장남 ㅇㅇ군
ㅇㅇㅇ씨 장녀 ㅇㅇ양

이 두 사람은 어버이 가리신 바요 본인들이 백년가약의 뜻이 여러 어른들과 벗을 모시고 화촉을 밝히고자 하오니 부디 오셔서 복된 자리를 더욱 빛내 주소서.

곳 ㅇㅇ 예식장 (종로ㅇ가)
때   년   월   일   시 (음 월 일)

　　　주 례   ㅇㅇㅇ
　　　청첩인   ㅇㅇㅇ

ㅇㅇㅇ 귀하

청 첩 장

ㅇㅇㅇ씨 장남 ㅇㅇ군
ㅇㅇㅇ씨 장녀 ㅇㅇ양

두 사람의 혼례식을 다음과 같이 거행하오니 오셔서 이 자리를 빛나게 하여 주심을 바라나이다.

시일   월   일   시
장소

　　　주 례   ㅇㅇㅇ
　　　청첩인   ㅇㅇㅇ

ㅇㅇㅇ 귀하

❷ 결혼예복(結婚禮服)

신랑은 평소의 양복으로 무방하며, 신부는 예식장에 구비된 임대용 웨딩드레스를 빌려 입을 수도 있다. 순백무후(純白無垢)한 한복은 청초하면서도 고상하므로 신부의 예복으로서도 결코 웨딩드레스에 뒤지지 않는다. 한복이나 양장을 할 경우에는 면사포(面紗布)를 쓴다.

신랑이 군인이라면 군복을 입는 것이 믿음직스러워 보인다. 한복을 입을 경우에는 반드시 두루마기를 입어야 한다. 서구에는 연미복이라는 예복이 따로 있다.

❸ 결혼식순

식순은 되도록 큼직하게 붓글씨로 써서 주례석 가까운 위치에 잘 보이도록 붙이고 사회자는 그것을 보면서 구호(口號)하면 주례자가 이를 받아 지도 거행한다.

가정의례준칙(가정의례준칙 제6조 4항)에 의한 식순은 다음과 같다.

① 개 식	② 신랑신부 입장
③ 신랑신부 맞절	④ 신랑신부 서약
⑤ 성혼 선언	⑥ 혼인신고서 날인
⑦ 신랑신부 인사(내빈에게)	
⑧ 신랑신부 퇴장	
⑨ 폐 식	

[참고] 가정의례준칙에서는 〈예물교환〉과 〈주례사〉, 〈양가 대표인사〉가 없어졌으나 편의에 따라서 식순에 넣고 진행해도 무방하다.

④ 주례와 결혼 축하

주례는 평소 혼인 당사자를 잘 알고 존경하는 가까운 어른으로 한다.

결혼식은 주례의 지도 여하에 따라서 식장의 분위기가 좌우될 만큼 주례의 사명은 중요한 것이다.

첫째로 식이 엄숙하면서도 화기가 넘치도록 간단하나마 감흥을 일게 해 주어야 한다. 그리고 긴장하고 있는 신랑 신부를 면밀히 살펴가면서 모르는 점은 실수하지 않도록 부드럽게 이끌어 주는 요령이 필요하다.

축사나 축전 같은 것은 사전에 대표적인 것 몇 개만 허용하여 지루한 감을 주지 않도록 식을 진행시켜 가급적으로 30분 이내에 식을 마치게 하는 것이 바람직하다.

주례사는 먼저 내빈들에게 감사를 표하는 말로 "여러분이 지켜 보시는 가운데 신랑 신부의 서약으로서 한 부부가 굳게 맺어졌음을 기쁘게 생각하며 증인이 되어주신 여러분께 감사를 올립니다."하는 식으로 진행하면서 부부의 앞날을 축복하는 뜻으로 부부와 가정 또는 사회와 국가들에 결부시켜 격려하고 당부하는 말이면 된다.

⑤ 축전(祝電)

결혼식에 직접 참례할 수 없는 경우에는 축전을 보내어 축하의 뜻을 전하는 방법이 있는데 축하 문구는 체신부에서 제정한 경축 전보의 문례(文例)를 이용하면 요금도 쌀 뿐 아니라 특별히 디자인한 아름다운 용지를 봉투에 넣어서 배달한다.

❻ 부조(扶助)의 관습

부조란 큰일을 치르는 사람에게 물리적으로 다소나마 보탬을 줌과 아울러 축하의 뜻을 표하는 것을 말한다.

축하금은 깨끗한 종이에 싸고 단자(單子)를 함께 써서 넣어 보내는 것이 관례이다. 금전이 아닌 선물일 경우에는 단자만을 봉투에 넣고 물건을 따로 포장해서 보낸다. 단자는 부조(선물)하는 물목(物目)인데 쓰는 용지는 흰 색깔을 주로하나 색종이일 경우에는 아담한 색깔이 좋다. 단자를 접을 때는 축하 문구와 상대편의 성명이 쓰여 진 곳에 접은 줄이 새어지지 않도록 주의해서 접어야 한다.

단자를 사용치 않고 봉투만 사용할 경우에는 봉투의 양쪽에 축하의 문구를 쓰고 왼편 아래쪽에 물목의 내용을 표시한다.

❼ 축하문구와 단자 쓰는 법

▶ 축하문구(祝賀文句)

祝儀

祝聖婚

華燭盛典

祝華婚

결혼을 축하합니다.

▶ 단자 넣은 봉투

祝 華 婚

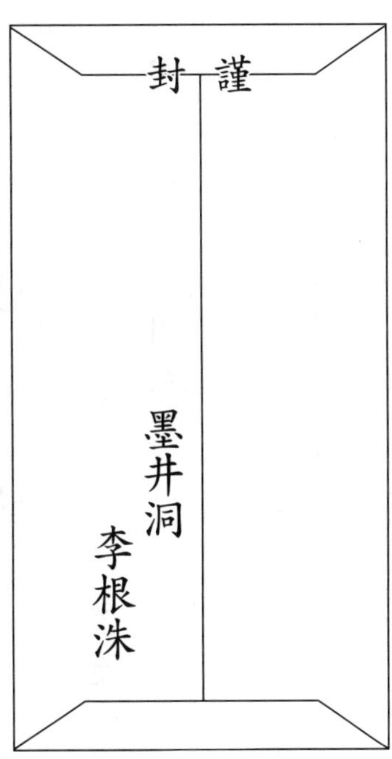

▶ 당사자에게 보낼 때

祝華婚(축화혼)

金(금) ○○ 원

年月日(년월일)

○○○ 謹呈(근정)

○○○ 貴下(귀하)

▶ 신랑신부 두 분께 보낼 때

○○○(物目)

두 분의 백년가약을 축복드리며
변변치 않으나 이로써
축하의 뜻을 표하나이다.

년 월 일

○○○ 드림

신랑 ○○○ 씨 귀하

1 상례(喪禮)의 뜻

상례란 사람이 죽은 후 장사 지내는 예법을 말한다. 상례는 인간이 일생동안 함께 살아오던 가족, 친지들, 그리고 모든 반려자와 영원히 이별을 고하게 되는 것이며, 죽음이라는 엄숙한 사태에 직면하여 그 사자를 정중히 모시는 절차인 만큼 가장 중요한 예법이다. 예문(禮文)에 '예(禮)를 다하여 장사 지내라'란 말은 곧 이를 가르킨 말이다.

2 상례(喪禮)의 절차

❶ 유언(遺言)

병세가 위급하여 임종이 가까워지면 가족들은 주위를 조용하게 하고 병자

에게 물어볼 말이 있으면 대답하기 쉽도록 간추려서 묻고, 그 대답을 기록해
야 한다. 또한 병자 자신이 마지막으로 남기고 싶은 말이 있을 것이니 이것이
곧 유언이다.

유언은 자필로 쓰는 것을 원칙으로 하나 시간적인 여유나 기력이 없는 관
계로 여러 사람이 지켜보는 가운데서 다른 사람이 대리로 써도 된다. 녹음기
가 있으면 녹음을 하는 것도 생존 시의 육성을 들을 수 있어 한층 의의가 있
을 것이다.

❷ 임종(臨終)

임종이란 목숨이 끊어지려고 하는 것을 말하며, 운명(殞命)이라고도 한다.
우리 나라의 상례에서는 부모의 죽음을 지켜보는 것을 임종이라고 한다. 종
신(終身)이라고도 한다. 병이 위중해지면 가주(家主)는 정침(正寢:시신(屍身)을
모실 안온한 방)으로, 그 밖의 사람은 각기 자기 방으로 옮겨 눕힌다.

이때 집 안팎을 말끔히 치우고 병자의 머리를 동쪽으로 하여 북쪽 문 옆에
눕힌다. 다음은 헌옷을 벗기고 새 옷을 입힌 뒤 네 사람이 모시고 앉아 병자
의 사지를 주무르고, 가족들도 모두 옷을 갈아입고 운명을 기다린다.

이때 햇솜을 준비해 두었다가 숨이 끊어지면 입과 코와 귀를 막아준다. 그
러나 남자는 여자가, 여자는 남자가 지켜보고 있는데서 숨을 끊어지게 해서
는 안 된다.

❸ 수시(收屍)

수시란 시신의 머리와 팔다리를 바로 잡아 두는 일이다. 숨이 끊어지면 눈
을 감기고 준비한 햇솜으로 입과 코와 귀를 막고 머리를 높게 비뚤어지지 않

게 괴고 곡(哭)을 한다. 즉, 시체가 굳기 전에 손발을 고루 주물러서 펴고 백지로 시체의 얼굴을 덮고 백지나 베헝겊으로 좌우 어깨를 단단히 동여맨다. 다음엔 두 팔과 두 손을 곱게 펴서 손을 배 위에 올려놓되, 남자는 왼손을 위로하고 여자는 오른손을 위로하여 놓고 두 다리를 곧게 펴놓고 두 발을 바르게 모아 백지나 베로 동여매어 어그러지지 않게 하여 덮어 놓고 다시 곡(哭) 한다. 이 절차를 소홀히 하면 손발이 오그라질 수 있으니 실로 정성껏 주의해서 행하여야 한다.

④ 고복(皐復＝招魂)

　　고복이란 흔히 초혼(招魂)이라고도 하는데, 이는 죽은 사람의 흐트러진 혼을 다시 부르는 의식이다. 수시가 끝난 뒤에 시신를 대면(對面) 안 한 사람으로서 채반에 밥(白飯) 세 그릇(속칭 사자밥), 짚신(사자짚신) 세 켤레를 담아 대문 밖에다 놓고 여상(女喪)에는 여자가, 남상(男喪)에는 남자가 죽은 사람이 평소 입던 옷, 즉 남자면 두루마기나 속적삼을, 여자면 속적삼을 가지고 앞 처마로 해서 지붕으로 올라가서 왼손으로는 옷깃을 잡고 오른손으로는 옷의 허리를 잡고 북쪽을 향하여 옷을 휘두르며 크고 긴 목소리로 "해동 대한민국 ○시○동 학생○공공 복! 복! 복!"하고 복(復)을 세 번 부른다. 이미 죽은 사람의 벼슬이 있으면 모관모공(某官某公)이라 하며, 여상(女喪)에는 남편의 직품(職品) 쫓아 모부인 모관모씨(某婦人 某官某氏)라 하거나 유인(孺人) 아무개라고 한다. 옷은 지붕 위에 올려놓거나 시신 위에 덮고 곡한다. 지붕 위에 올라가는 것은 혼이란 위에 있기 때문이며, 죽은 사람의 이름을 부르는 것은 이 혼이 다시 체백(體魄)에 합하도록 하는 것이니, 이렇게 해도 살아나지 않으면 정말 죽은 것이다. 집사자(執事者)는 시상(屍床)과 병풍, 포장 등을 마련하고 시신을 옮기게 한다. 집사자란 초상을 맡아보는 사람이다. 이 집사자는 시신의 머리를 남향으로 두고 시신의 상하를 똑바로 한 다음 단단히 고정시켜 어느 한쪽으로 기우러지지 않도록 하고 병풍이나 포장으로 가려 바람을 막는다.

이 때 이(齒)를 버텨 주는 데는 헌옷을 사용하고 두 손을 배 위에 모아 부드러운 천으로 묶고 코와 귀를 탈지면으로 닦는다. 그리고 침구로 시신을 덮고 사방에 틈이 나지 않게 하여 파리를 막아준다. 다음으로 상주(喪主)를 세우고, 주부(主婦)를 세우고, 호상(護喪)과 사서(司書), 사화(司貨)를 정한다. 이로부터 상주와 주부는 옷을 바꿔 입고 음식을 먹지 않는다. 주부란 죽은 사람의 맏자부(子婦)를 말하는 것이니 맏주부가 없으면 주부 없이 한다.

❺ 발상(發喪)과 상주(喪主)

발상이란 시신을 안치하고 난 뒤, 상제들이 머리를 풀고 심의(深衣)를 입고서 곡하여 초상(初喪)을 이웃에 알리는 것을 말한다.

상주는 죽은 사람의 장자(長子)가 되는 것이나, 장자가 없으면 장손(長孫)이 아버지 대신으로 맏상주가 되어 승중상(承重喪)으로 주상(主喪)이 된다.

모든 초상에 아버지가 주상이 되지만 아버지가 죽고 없으면 형이 주상이 된다. 자식이 없이 남편이 죽었을 때는 남편의 가까운 집안이 주상이 되고, 아내 쪽(친정 쪽)사람은 아무리 가까워도 주상이 될 수 없다. 출계(出系 = 양자 가는 것)한 아들과 출가(出家)한 딸은 머리를 풀지 않으며 비녀만 뺀다. 물론 남편 상사(男便喪事)에는 머리를 푼다. 복인(服人)들 중 남자상에는 흰 두루마기를 입되 부상(父喪)이면 왼편 소매를 끼지 않고 팔 밑에 엇매며, 여자 상제들은 흰옷으로 갈아입고 머리를 푼다.

⑥ 호상(護喪)

호상은 초상 치르는 데에 온갖 일을 책임지고 맡아보는 사람을 말한다. 발상이 끝나면 친족이나 친우 가운데서 상례에 밝은 사람이 호상이 되어 초종 범절(初終凡節)을 친구나 이웃 사람 중에서 정해진 상례(相禮)의 조력(助力)을 받아 치른다. 축문(祝文)은 친척이 맡는다.

사서(司書)는 문서에 관한 일을, 사화(司貨)는 금전에 관한 일을 책임을 지고 맡아본다. 사화는 백지로 된 두 권 노트를 준비하여 부의금(賻儀金)의 수납(收納)과 상사 관계로 지출하는 비용을 각각 기록한다.

[참고] 조문객을 기록하는 노트는 부상(父喪)에는 조객록(弔客錄), 모상(母喪)에는 조위록(凋萎磩), 부의금을 기록하는 노트는 부의록(賻儀錄)이라고 붓글씨로 쓴다.

⑦ 전(奠)

전은 죽은 사람을 생시와 같이 섬기기 위한 뜻으로 간단한 술과 과일을 차려 놓는 예식이다. 전을 올리는 집사(執事)는 포와 과일을 탁자 위에 놓고 축관은 손을 씻고, 술잔을 씻은 후에 술을 따라서 시신(屍身) 동쪽의 어깨에 닿을 만큼 올린다. 전은 염습(殮襲)이 끝날 때까지 날마다 한차례씩 올린다. 슬픔에 가득 찬 상제가 친히 올리지 못하는 전을 집사가 올리는 데 절을 하지 않는다.

- 전을 드릴 때의 준비물 : 밥상, 포, 과실이나 채소, 술, 식혜, 세숫대야, 수건
- 관(棺)과 칠성판 : 관은 호상이 목수에게 명하여 만들게 한다. 관을 짤

나무로는 유상(油杉)이 제일이며 그 다음으로 잣나무로 친다. 관재(棺材)는 천판(天板)하나, 지판(地板)하나, 사방판(四旁板) 각각 하나씩으로 한다. 두께는 세 치나 혹은 두치반으로 하고 높이와 길이는 시신의 길이와 부피에 알맞도록 해야 한다. 칠성판은 염습할 때 시신의 밑에 까는 것이다. 옛날에는 부모의 회갑이 지나면 미리 관을 준비하여 옻칠을 해서 소중히 간직해 두었다가 쓰는 경우가 많았다.

❽ 부고(訃告)

부고는 호상이 상주와 협의하여 사서(司書)와 함께 써서 죽은 사람의 친족과 친지에게 신속히 알린다.

부고장은 백지에 붓글씨로 쓰는 수도 있지만 많은 맷수가 요할 때는 인쇄나 프린트를 하고 봉투만을 붓글씨로 써도 된다. 부고를 전달하는 방법으로 다음과 같은 방법이 있다.

ㅇ 전인(專人) 부고 : 인편으로 직접 보내는 것.
ㅇ 우편부고 : 우편으로 보내는 것.
ㅇ 신문부고 : 신문 광고란을 통해서 알리는 것(개별통고는 생략).

◉ 부고서식(訃告書式)

▶ 전인(專人) 부고 쓰는 법

某親 某人 以某月 某日 (모친 모인 이모월 모일)
得病 不幸於 某月 某日 (득병 불행어 모월 모일)
別世(殞命) 專人 訃告 (별세(운명) 전인 부고)

年月日 (년월일)
上

護喪 (호상)
○○○
○○
座前 (좌전)

▶ 전서(專書) 부고 쓰는 법

訃 告 (부고)

(姓名) 大人 以宿患 累月伸吟 (성명 대인 이숙환 누월신음)
不幸於今月 某日 某時 別世茲以 (불행어금월 모일 모시 별세자이)
專書訃告 (전서부고)

年月日 (년월일)
護喪 (호상)
○○○
上 (상)

○○○
○
座下 (좌하)

▶ 신문 부고 쓰는 법

訃　告

洪某氏　大人　學生光州金公

以宿患(老患)　陰某月某日年前

某時　於自宅別世　兹以　訃告

年
月
日

發靷　月　日　牛前某時

葬地　○郡○面○里某山

嗣子　○○○

次子　○○○

弟　○○○

親族代表　○○○

友人代表　○○○

護喪　○○○

[참고]

① 상주성명(喪主姓名)은 맏상주의 성명을 쓴다.

② 망인(亡人)의 칭호는 부고를 호상이 보내는 것이니, 상주의 아버지면 대인(大人), 어머니면 대부인(大夫人), 조부이면 왕대인(王大人), 조모이면 왕대부인(王大夫人)이라 쓴다.

③ 망인 성명(亡人姓名)은 돌아가신 분의 이름을 쓴다.

④ 노환(老患)은 늙은이가 돌아가셨을 때 쓰고, 젊은이가 병으로 죽었을 때는 숙환(宿患)이라 하고, 뜻밖의 죽음에는 사고급사(事故急死)라 쓴다. 이때는 별세(別世)를 운명(殞命)이라고 쓴다.

⑤ 자이(兹以)를 사람이 직접 전할 때는 전인(專人)으로 고쳐 쓴다.

⑨ 습(襲)

습이란 향나무 삶은 물(香湯水)이나 쑥을 삶은 물로 시신을 정결하게 씻기는 것을 말하며, 시신의 옷을 벗기고 홑이불로 가리고 씻긴다. 남자의 습은 남자가, 여자의 습은 여자가 해야 하고 이때 필요한 물건은 다음과 같다.

● 목욕(襲) 준비물

① 물그릇 : 시신의 위쪽과 아래쪽에 놓는다.
② 새솜과 새수건 세벌 : 시신의 윗몸, 아랫몸을 씻고 닦기 위한 것
③ 주머니 다섯 개 : 목욕 후에 머리카락 좌우손톱 발톱을 깎아서 넣을
　　　　　　　　　　주머니
④ 빗 : 남여 공용

목욕을 시킬 때 시자(侍者 : 염하는 사람)는 우선 자기 손부터 씻고 나서 준비한 향탕수를 가지고 시신이 있는 방으로 들어가면 이와 때를 같이 하여 상주 이하 전원이 방 밖으로 나와 북쪽을 향해서 서 있는다. 시자는 시신을 넣었다가 대렴(大殮)을 한 뒤에 이불 속에 넣는다. 평시에 빠진 이(齒)가 있으면 함께 주머니 속에 넣는다. 목욕한 물과 수건과 빗은 미리 파놓은 구덩이에 넣고 묻는다. 이 절차가 끝나면 상주는 자리로 들어온다.

⑩ 염(殮)

다음으로 염을 하는데 시자는 손을 씻고 따로 침상을 장막 밖에 마련해 놓고 수의를 펴 놓는다.

여자의 수의는 저고리, 적삼(紅晃綠 : 삼작), 속곳, 단속곳, 바지, 큰 허리띠,

저고리를 함께 겹으로 바르게 펴 놓는다. 남자의 경우는 속바지와 적삼을 입히고 망건을 씌우고 버선을 신긴 후에 다시 겉 바지를 입히고 대님과 행전, 요대(허리띠)를 맨 다음 네 사람이 시신을 들어서 침상으로 옮긴다.

겹쳐서 펴 놓은 겉옷을 아래로부터 위로 여민 후 매지는 말고 다시 이불을 덮어둔다. 이때의 옷은 모호상(붉은치마), 청상(푸른치마), 원삼조대, 대대머리, 가리는 두관, 명목, 악수, 버드나무, 비녀 등이다.

이때 준비할 수의는 다음과 같다.

① 복건(幅巾) : 검은 명주로 만든 것으로서 머리를 싸서 덮는다.

② 두건(頭巾) : 머리에 씌우는 수건과 같다.

③ 망건(網巾) : 머리카락을 싸는 것으로 검은 비단으로 만든다.

④ 멱목(幎目) : 얼굴을 싸매는 것으로서 사방의 길이는 한 자 두치이며 네 귀에 끈을 달고 검은 색, 안은 붉은 색의 명주로 한다.

⑤ 악수(握手) : 손을 싸매는 것으로서 길이는 한 자 두 치로 하고 폭은 다섯 치로 한다.

⑥ 충이(充耳) : 귀를 막는 것으로서 새 솜으로 대추씨 같이 만든다.

⑦ 이의(裡衣) : 속옷으로 속적삼, 속바지를 준비한다.

⑧ 겉옷 : 바지, 저고리, 버선, 대님, 요대(허리띠), 행전, 두루마기, 조대(條帶), 대대, 토수(吐手)신(명주에 종이를 붙여서 만든 신) 등이다.

⑨ 천금(天衾) : 시신을 덮는 홑이불이다.

⑩ 지금(地衾) : 시신 밑에 까는 이불이다.

⑪ 속포(束布) : 시신을 묶는 데 쓰이는 한지나 삼베이다.

⑪ **설전(設奠)**

　　설전이란 상(喪)을 당하고 처음 지내는 제사로 주과포혜(酒果脯醯)로 차린 상을 말한다. 이때 상주가 반함을 하는데 시신의 동편에 앉고 집사가 손을 씻고 잔에 술을 부어 시신의 동쪽(시신의 오른쪽)에 드리되 어깨 부근에 놓고 곡을 한다.

⑫ **반함(飯含)**

　　반함이란 시신의 입에 구슬과 쌀을 물려주는 것을 말한다. 준비물은 버드나무 숟가락, 쌀 한 홉, 무공주(無孔珠 : 구멍이 없는 구슬 세 개이다. 이때 구슬이 없으면 동전으로 대신한다.)이다. 상주는 왼쪽 소매를 벗어 바른편 허리에 꽂고 곡을 하면서 구슬 세 개를 담은 그릇과 생쌀(깨끗이 닦은 것 반 수저가량)을 담은 그릇에 버드나무 수저를 꽂은 것을 받들고 들어가 명건(螟巾)으로 시신의 면상을 덮고 나서 시신 동편 발치로부터 서편으로 올라온 다음 동쪽을 향해 앉아 시신을 덮은 명건을 들고 버드나무 수저로 쌀을 조금 떠서 오른편, 왼편 그리고 가운데 입에 구슬 한 개씩과 함께 넣는다. 그리고 햇솜을 명주에 싸서 턱 아래를 채우고 복건을 씌우고, 충이(充耳)로 좌우의 귀를 막고, 멱목을 덮고, 신을 신기고, 심의(深衣)를 입힌다. 이때 옷깃을 산 사람과 반대로 오른편으로 여민 뒤 조대(條帶), 대대(大帶)를 같은 방향으로 두르고 악수(握手)를 맨다.

　　이것으로 습례(襲禮)가 끝난 것이다. 시신은 다시 이불을 덮어 시상에 모신다. 염습을 마친 뒤에 모든 기물(器物)은 태울 것은 태우고, 땅에 묻을 것은 묻어서 없애 버린다.

⑬ 소렴(小殮)

소렴은 수의를 입히는 절차로서 사망한 이튿날 아침에 행한다.

먼저 깨끗한 돗자리를 깔고 지금(地衾)을 펴 놓은 다음 속포(束布) 20마를 일곱 가닥으로 서려놓고 장포(長布) 7자를 길이로 깔고 그 위에 시신을 모신다. 위아래 옷을 각각 겹쳐서 아래부터 위로 올라가면서 입힌 다음 옷을 접어서 시신의 머리를 반듯하게 고여 몸을 바르게 하고 새 솜을 사용하여 어깨 사이에 빈 곳을 채운 후 좌우를 걷어맨다.

양쪽 다리는 옷으로 빈 곳을 채운 뒤 발끝까지 똑바르게 하고, 옷깃은 왼쪽에서 오른쪽으로 여미되 고름은 감기만 할 뿐 매지 않는다. 손은 악수(握手)로 싸매고, 귀와 콧구멍은 새 솜으로 막는다. 눈은 멱목(幎目)으로 싸매고, 머리는 복건과 두건을 씌운다. 두 손은 배 위에 모으고 이불로 고르게 싼 다음 장포 두 끝을 찢어서 각각 매고, 속포로 묶은 다음 끊어서 속포 한쪽 끝을 세 갈래로 찢어 발 쪽에서부터 머리 쪽으로 차례로 묶어 올라가는 것이다. 이렇게 일곱 폭으로 묶으면 매듭은 모두 21개가 된다. 이는 나중에 시신이 썩어도 흔들리지 않게 하기 위해서다.

이렇게 소염례(小殮禮)를 마친 후 시신을 시상에 모신다. 이때 남자 상제들은 시신의 동쪽에서, 여자 상제들은 서쪽에 서서 애곡한 다음 상제들은 머리 푼 것을 걷어 올리고, 남자는 포두건(布頭巾)에 베중단을 입고 자리에 나아가 애곡하고 집사가 전을 올리면 상제는 곡을 하는데 이때부터 대렴(大殮) 때까지는 곡을 그쳐서는 안된다.

⑭ 대렴(大殮)

대렴은 소렴이 끝난 뒤 시신을 입관(入棺)하는 의식을 말한다. 이 대렴은 소렴을 한 이튿날에 하게 되므로 즉 죽은 지 사흘째 되는 날에 하는 것이다.

집사는 시상(屍床) 서쪽에 놓인 관(棺) 안에 칠성판을 깔고 지금(地衾)을 간다. 다음은 대렴포(大殮布) 30자에 횡포(가로매) 두매를 놓고 매일폭의 양끝을 반씩 쪼개면 좌우가 각 여섯 쪽으로 되며 그리고 장포 한 폭을 놓고 양끝을 셋으로 쪼갠 후 그 위에 대염금(大殮錦)을 펴놓고 소렴한 시신을 그 위에 모신다. 그리고 발을 먼저 여민 다음 머리를 왼편, 오른편의 순으로 여미고 다시 장포를 세 매로 묶은 횡포를 좌우로 다섯 쪽만 묶고 한쪽은 제쳐놓은 다음 시신을 들어서 관속에 조금도 기우러지지 않게 넣는다. 이때 머리카락ㆍ손톱ㆍ발톱을 담은 다섯 개의 주머니를 관의 상하에 넣고 그 밖에 빈 곳은 망인의 옷을 말아서 시신이 움직이지 않게 채운다.

다음으로 천금(天衾)을 관속에 덮고 상주와 주부가 슬픔을 다해서 곡하고 다른 부인들은 장막 속으로 물러나면 목수가 관 뚜껑을 덮고 은정(나무못)을 박는다. 시신을 뉘었던 상(床)은 치우고 두꺼운 종이로 관을 싸서 50발 길이의 노끈으로 묶은 다음 다시 초석(짚자리)으로 싸고 백지로 싼 가느다란 동아줄로 묶고 다시 천금으로 관을 덮고 영좌를 설치한 후 전을 올리되 소염 절차와 같이 하고 상제 이하는 요질(腰絰:짚과 삼을 섞어서 굵은 동아줄처럼 만들어 허리에 매는 띠)과 수질(首絰:머리에 두르는 것으로 짚에 삼 껍질을 감은 둥근 테)을 벗지 않은 채 조석으로 곡을 한다.

1. 영좌(靈座)

대렴이 끝나면 영좌(靈座)를 마련한다. 관을 정침에 모시고 그 앞에 휘장을 친 뒤 교의에 사진이나 혼백을 모시고 그 앞에 제상(祭床)과 향상(香床)을 놓는다. 향로(香爐), 향합(香盒), 모사기(茅沙器), 촉대(燭臺) 한 쌍과 띠, 수건 등 망인이 생시에 쓰던 물건을 갖다 놓는다.

2. 명정(銘旌)

명정은 고인의 관직과 성명을 적은 기(旗)를 말한다. 1m 60cm정도의 진홍빛 비단이나 명주의 전폭(全幅)에 금백(金帛)으로 글씨를 쓴다. 장사 지낼 때 상여 앞에서 들고 간 뒤에 관 위에 펴서 묻는다.

　서식은 아래와 같다.

學生全州李公之柩

(또는 處士)

(남자)

孺人光山金氏之柩

(여자)

3. 공포(功布)

　이것은 상여의 길잡이 역할을 하는 것으로서 도로의 높고 낮음과 길의 꺾임이 있을 때 이것을 사용해서 알린다. 발인할 때 명정(銘旌)과 함께 앞에 세우고 간다.

⓯ 혼백(魂帛)

　혼백은 신주(神主)를 만들기 전에 임시로 삼베나 명주를 접어서 만든 신위(神位)이다. 빈소에 모셨다가 대상(大祥)이 끝나는 날 묘소에 묻는다. 요즘은 사진으로 대신하는 것이 통례로 되었다.

◉ 혼백 접는 법

　① 삼베나 명주 한 폭(全幅)과 길이(長) 한 자 세치를 쓰되 길이(長)를 한 치 오푼씩 여덟 겹(8幅)으로 접으면 남는 것이 한 치가 된다. 이것을 펴서

편의상 순서를 정하여 접는다.

② 도표의 번호 1을 2와 맞닿게 접는다.

③ 번호 3을 이등분 하되 3이 보이게 접어서 1의 뒷면에 가게 접는다.

④ 번호 4를 접되 4가 보이게 하여 2의 뒤에 가게 접는다.

⑤ 번호 5의 중간을 접으면 번호 5는 보이지 않게 된다.

⑥ 번호 6과 번호 4가 서로 맞닿게 접으면 6은 보이지 않게 된다.

⑦ 번호 7을 접어서 번호 6의 뒤편에 붙이면 7은 보이게 된다.

⑧ 번호 8을 7과 맞닿게 붙여서 접는다.

⑨ 번호 4와 6의 사이를 벌리고 가로의 윗변을 한 치로 접어서 4와 6에 붙게 안으로 접고 벌리기 전대로 접는다.

⑩ 번호 7과 8의 사이를 벌리고 가로의 아랫변을 한 치 접어서 7과 8에 붙게 안으로 접고 벌리기 전대로 접는다.

⑪ 번호 9를 접되 번호 4의 아랫변을 접을 것을 싸서 꽂으면 된다.

⑫ 도표와 같이 위(上)를 백지로 표시한다.

▶ 혼백 접는 도표

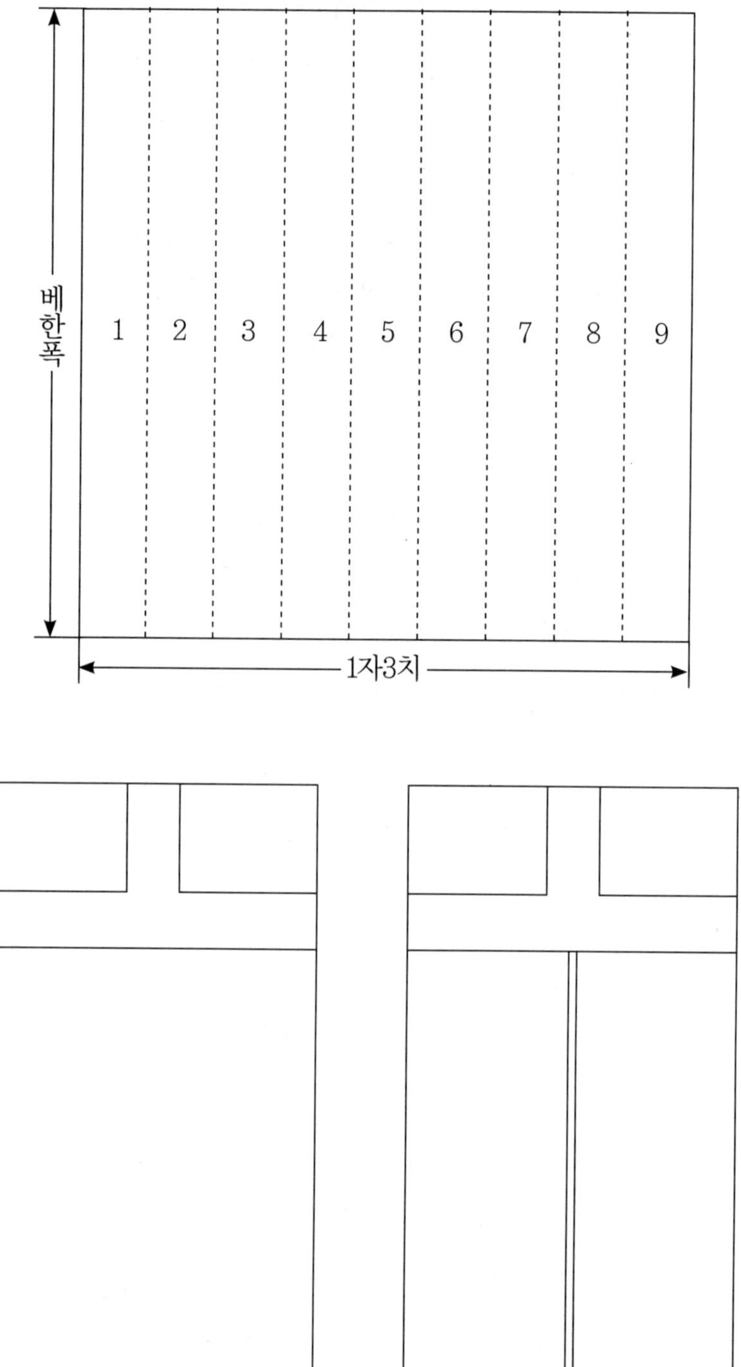

베한폭
1 2 3 4 5 6 7 8 9
1자3치
(뒷면)
(앞면)

⑯ 성복(成服)

성복은 대렴을 한 다음날, 즉 죽은지 4일째 되는 날에 상제들이 복제(服制)에 따라 상복(喪服)을 입는 절차를 말한다.

날이 밝으면 오복(五服)의 모든 사람들이 자기에게 해당하는 복을 입고 조곡(朝哭)을 하고 의식에 따라 조상을 한다. 남의 자식된 사람은 차마 부모가 죽은 것으로 여길 수가 없어서 급작스럽게 성복을 하지 않는다 한다. 이것으로 미루어 생각하면 대렴과 성복을 같은 날 하는 것은 잘못일 것이다. 그럼에도 사람들은 염습의 제구가 마련되지 못한 것을 이유로 3일이 지난 뒤에 대렴을 하고 당일로 계속해서 성복을 하니, 이는 본래의 뜻을 잃은 것이다.

상복은 남자인 경우는 머리에 효건(孝巾)을 쓴 다음 상관(喪冠)을 쓰고, 그 위에 수질(首絰)을 매고, 깃겹바지 저고리에 깃두루마기를 입고 중단(中單)과 제복(祭服)을 입고 그 위에 요질을 두른다. 발에는 짚신을 신고 3년 이상 복을 입을 사람의 경우에는 지팡이를 짚는다. 여자도 깃치마와 깃저고리를 입고 중단과 제복을 입은 다음 수질과 요질을 맨다.

상복제도에 있어 참최(斬衰)는 갓을 꿰매지 않고 재최(齋衰)는 갓을 꿰맨다. 모든 상복은 베로 만들고 수질과 요질은 삼근을 꼬아서 만든다. 상장(喪杖) 참최에는 대나무, 재최에는 상주가 어린이일 경우는 건과 수질만 쓰지 않는다. 고례(古禮)에는 어린이는 상장을 짚지 않는다고 했으나 역시 《가례(家禮)》에 의하여 3년 상을 입는 자는 지팡이를 짚는 것이 옳다. 시자(侍者)의 복은 중단(中單)에 건만 쓰고, 첩이나 비녀(婢女)는 배자(背子)에 대나무 비녀를 꽂는다.

상복으로 갈아입으면 영좌 앞에 제상을 갖추어 제물을 차려 놓고 혼백을 교의에 모시고 분향하고 잔을 올리는데 아들·사위·아우·조카의 차례로 잔을 올린 다음 곡하고 재배한다. 남자는 영구의 동편에서 여자는 서편에서 서로 마주서서 곡한다.

⑰ 복상(服喪) 제도

1. 참최(斬衰)

참최는 아들이 아버지를 위해서 3년 동안 입는 상복이다. 그러나 적손(嫡孫)이 그 아비가 죽어서 조부나 증조, 고조를 위하여 승중(承重)을 하는 자와, 또 아비가 적자(嫡子)를 위하여 입는 복도 마찬가지다. 비록 승중을 했어도 삼년 복을 입지 못하는 경우가 세 가지가 있다.

첫째 적손이라도 폐질(廢疾)로 인해서 사당에 제사를 지낼 수 없는 자, 둘째 서손(庶孫)이 그 뒤를 이었을 때, 셋째 서자로 대를 잇게 했을 때 등이다.

이상은 정복(正服)의 경우이고 의복(義服)에 있어서도 며느리가 시어머니를 위해서와 남편이 승중(承重)했을 때 그에 따라 입는 복도 마찬가지다.

아들이 그 아버지를 위해서 복을 입다가 소상(小喪)전에 죽으면 다시 그 아들이 소상때서부터 복을 받아 입게 되는데, 이것을 대복(大服)이라 하나, 가례(家禮)에는 실려 있지 않다. 그러나 초상에는 하루도 주상(主喪)이 없을 수가 없다. 아비가 병이 나서 집상(執喪)치 못하거나 상기(喪期)를 채우지 못하고 죽으면 그 아들이 아비를 대신해서 복을 입는 것을 실로 부득이한 일이다.

참최의 상복은 가장 거칠고 굵은 삼베로 만든다. 다만 아랫단을 깁지 않는 게 특징이다. 이것을 참(斬)이라고 이름 지은 것은 몹시 애통해 한다는 뜻에서 취한 것이다. 또 최(衰)는 역시 효자의 애통한 심정에서 한정 없이 복을 입을 효가가 있었기에 이에 선왕(先王)이 위로는 하늘을 본받고, 아래로는 땅에서 법을 취하고, 그 중간에서 사람의 도리를 찾도록 한 것이라 한다.

2. 재최(齋衰)

재최는 아들이 그 어머니를 위해서 3년 동안 입는 복이다. 하지만 아버지가 살아 있는데 어머니가 죽었거나, 출가한 딸이 어머니를 위해서는 3년을 입지는 않는다. 서자(庶子)가 자기 어머니를 위해서도 3년을 입지 못한다. 적손(嫡孫)이 그 아비가 죽었을 때, 조모나 증조모, 고조모를 위해서 승중(承重)한 자와 어머니가 적자를 위해서도 마찬가지다.

의복(義服)으로는 며느리가 시어머니를 위해서와 남편의 승중에 따라서 입는 복과 남편의 계모를 위해서도 마찬가지다.

아버지가 죽은 지 3년 안에 어머니가 죽으면 기년(朞年)만 복을 입는다. 아버지의 복을 벗은 뒤에 죽어야 비로소 3년 복을 입는다.

3. 장기(杖朞)

장기란 적손이 그 아버지가 죽고 조부가 있을 때 조모를 위해 입는 복이다. 승중을 했을 때는 증조모, 고조모의 경우도 마찬가지다. 계모, 적모에게도 의복(義服)으로 이와 같이 입는다. 또한 며느리도 시아버지가 생존해 있을 때 시어머니를 위해서 상복을 입는다.

3년 복은 윤달을, 기년은 1년을 상징한 것이며, 9개월은 물건이 3시에 이루어진 것을 상징하였고, 5개월은 오행(五行)을 상징하였고, 3개월은 1년 사시(四時) 중에 한 시를 상징한 것이다.

4. 부장기(不杖朞)

부장기란 조부모 · 백숙부모(伯叔父母) · 형제 · 중자(衆子)를 위해서 입는 복이다. 현재의 아들과 고모, 누이가 시집가지 않은 경우에도 마찬가지다. 시집을 갔어도 남편이나 자식이 없으면 역시 부장기를 입는다. 다음으로 여자로서 남편의 형제의 아들을 위해서나 첩이 큰 부인을 위해서, 남편의 중자를 위해서, 시부모가 적부(嫡婦)를 위해서도 마찬가지다. 5개월 복은 증조부를 위한 복이며, 3개월 복은 고조부를 위한 복이다.

5. 대공(大功)

대공은 종형제(從兄弟)와 종자매(從姉妹)를 위한 복이다. 중손(衆孫) 남녀에게도 마찬가지다. 굵은 숙포(熟布 : 표백한 베)로 상복을 만들어 입으며, 복상 기간은 9개월이다. 대공, 소공(大功, 小功)이라는 공은 삼베를 짠다는 공(功)이니 거칠고 가는 것을 뜻한다.

6. 소공(小功)

소공은 종조부(從祖父)와 종조고(從祖姑), 형제의 손자, 종형제의 아들, 재종형제(再從兄弟)의 경우에 입는 복이다.

외조부와 외숙, 생질의 경우에도 마찬가지다. 의복(義服)으로는 종조모와 남편의 형제의 손자, 남편의 종형제의 아들을 위해서 입는다. 형제의 아내와 남편의 형제에게도 마찬가지다. 제부(娣婦)와 시부(姒婦)끼리도 역시 소공복을 입는다. 장부(長婦)가 차부(次婦)를 보고 제부(娣婦)라고 하고, 제부가 장부를 보고 사부(姒婦)라 한다. 소공의 복상 기간은 5개월이다.

7. 시마(緦麻)

시마는 정복(正服)으로 종증조부모(從曾祖父母), 증조의 형제자매, 형제의 증손에게 입는 복이다. 종형제의 자매, 외손, 내외종 형제에게도 마찬가지다. 의복으로는 남편의 종형제의 증손과 남편의 종형제의 손자와 남편의 종형제의 아들도 역시 시마복을 입는다. 서모(庶母), 유모(乳母), 사위와 장인, 장모에게도 마찬가지다. 그리고 모든 요사(夭死)한 사람을 위한 복은 차례에 따라 등급을 낮춘다. 남자로서 양자(養子) 간 사람과 시집 간 여자가 생가의 부모를 위한 복을 말하며 생가의 부모가 입어주는 복도 역시 마찬가지다.

[참고] 나이 8세에서 11세 사이에 죽는 것은 하상(下殤), 12세에서 15세 사이에 죽은 것은 중상(中殤), 16세에서 19세 사이에 죽은 것은 장상(長殤)이다. 8세 미만에 죽는 경우는 복이 없는 상(殤)이니 그저 곡만 하며, 3세 미만에 죽으면 곡도 하지 않는다. 그리고 혼례

를 치렀을 때는 상(殤)이라 할 수 없다. 또한 관례(冠禮)나 계례(笄禮)를 올렸을 때도 상으로 치지 않는다.

8. 심상(心喪)

심상이란 상복은 입지 않지만 상제와 같은 마음으로 3년 동안을 말과 행동을 삼가고 조심한다는 뜻이다.

제자가 스승을 위해서, 아비가 있을 때 어머니를 위해서, 집을 나갔거나 재가한 어머니를 위해서, 보모가 있을 때 자기를 길러준 부모를 위해서, 적손이 조부가 있을 때 조모를 위해서, 양자 간 자기 생가를 위해서, 며느리가 시아버지가 있을 때 시어머니를 위해서, 첩의 아들의 아내가 남편의 적모(嫡母)를 위할 때가 이에 해당한다.

⑱ 조석전(朝夕奠)과 상식(上食)

상중에 아침이면 조전(朝奠)을 올리고, 식사시간에는 상식을 올린다. 저녁에는 석전(夕奠)을 올리고 석곡(夕哭)을 한다. 곡은 수시로 하고, 매달 초 하루날 아침에 제물을 올릴 때는 모든 반찬을 올리고 새로운 음식이 있으면 천신(薦新)한다.

조전은 해가 뜨면 올리고 석전은 해가 진 뒤에 올린다. 조전이나 석전이 끝나면 음식은 치우고 술과 과실만 남겨 놓는다. 혹은 조전 때 쓴 음식은 석전에 가서야 치우고 석전 때 쓴 음식은 이튿날 조전 때에 가서야 치운다는 설도 있으나, 여름철엔 상할 염려가 있으니 그때 치우는 것이 옳다.

석전은 조전과 같다. 석곡(夕哭)을 할 때는 혼백(魂帛)을 받들어 영좌에 모시고, 상주 이하가 슬프게 곡을 한다. 새 음식을 천신하는 오곡이나 백곡 중의 어느 것이 다든 새로 익었으면 반드시 해야 할 것이다.

3년 안에 천신하는 것은 오곡일 때는 밥을 지어서 상식으로 올리고 그 밖의 것도 상식때 함께 올리는 것이 옳을 것이다.

상식(上食)은 조전의 의식과 같다. 조전을 올린 뒤에 술잔만 올린 뒤에 술잔만 치우고 다른 음식은 치우지 않고 두었다가 다시 상식 음식을 올린다. 술을 잔에 따르고 밥그릇 뚜껑을 열며 수저를 바르게 한다. 조금 있다가 국 대신 숭늉을 올리고 잠시 후에 상을 치운다.

⑲ 조상(弔喪)

조상은 원칙적으로 성복 후에 하도록 되어 있다. 성복 전에는 가까운 일가 친척들이나 또는 친한 친구가 가서 상주에게 인사만 하고 영구(靈柩)에 대해서는 절하지 않는다.

성복 후라도 망인과 생시에 면대가 없거나 여자의 경우에는 빈소(殯所)에 절하지 않고 상주에게만 인사한다. 상복을 입을 처지에 있는 사람만이 영위를 본다. 그 인사라는 것도 대개가 장사 치르는 데 대한 논의를 하게 되는 것이다.

조상하는 순서는 조객이 먼저 호상에게 성명을 통하고 들어가면 상주는 일어나 곡을 한다. 조객은 영구를 모신 쪽을 향하여 곡을 하고 두 번 절한 다음 상주에게 절을 하고 인사를 한다. 조객이 손위 어른이면 상주가 먼저 절을 한다. 조상할 때는 모두 소복(素服)을 하고, 양복일 경우에는 검정색을 입는다. 가지고 가서 올리는 물건은 차(茶)·양초·술·과실 등으로 한다. 부의(賻儀)는 돈이나 비단으로 하고 글을 써서 이름을 알린다.

상가에 부의를 보낼 때는 백지에 단자(單子)를 써서 봉투에 넣어 보낸다. 단자를 쓰지 않을 때는 봉투 표면에 물목을 표기한다. 조물(弔物)은 물품을 따로 싸고 단자만 봉투에 넣어 보내는데, 그 문구와 서식은 다음과 같다.

初喪 (초상)	謹弔 (근조)	賻儀 (부의)	弔儀 (조의)	香燭代 (향촉대)

大小喪 (대소상)	香奠 (향전)	奠儀 (전의)	菲儀 (비의)	菲品 (비품)

◉ 부의금 보낼 때의 서식

▶ 부의 봉투 쓰는 법

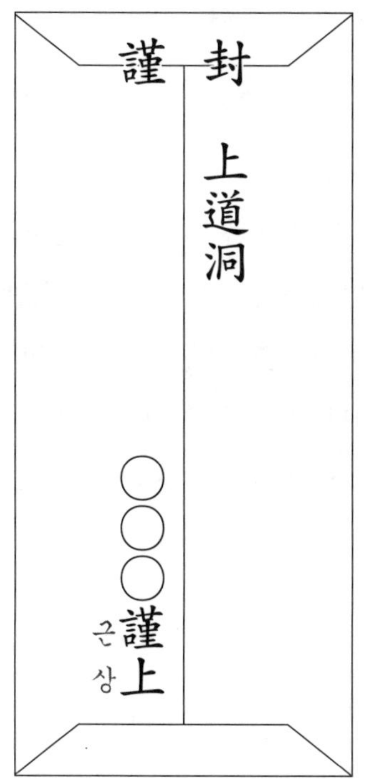

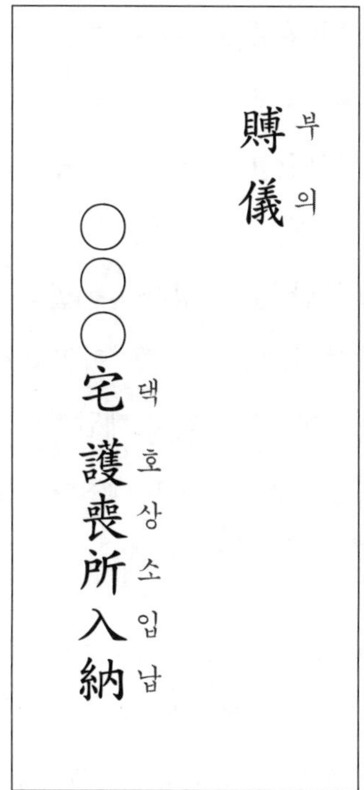

▶ 단자 쓰는 법

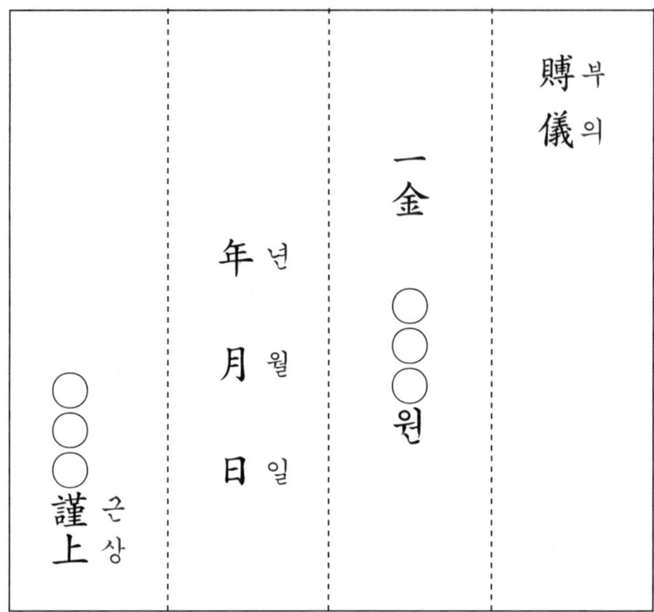

㉟ 조문(弔問)과 위문(慰問)

1. 부모상(父母喪)과 승중상(承重喪)

조객은 먼저 궤연(几筵)에 곡하고 재배한 후 상주에게 절하고 꿇어 앉아 정중한 말로 "상사(喪事)말씀 무슨 말씀 여쭈오리까"하고 조의만 말한다. 상주는 고개를 숙이고 "아이고"하며 지극히 슬픈 표정을 하는 것이 보통이나 "망극하오이다"하고 대답함도 무방하다. 상주가 "아이고"하는 것은 애이고(哀而苦 : 애이고 슬프고도 괴롭다는 뜻)라는 의미이다. 그 외에 조객으로 인사하는 말 몇 가지를 들면 다음과 같다.

조객 – 병환이 심각하여 위중하시다 상사까지 당하시니 오죽이나 망극하십니까?

상주 – 망극하기 한이 없습니다.

조객 – 그처럼 초민하시더니 상사까지 당하시니 오죽이나 망극하십니까?

상주 – 그처럼 오래 고생하시다가 영영 회춘하시지 못하시니 참으로 망극합니다.

조객 – 항상 객지에만 계시다가 뜻밖의 상사를 당하시니 더욱 망극하시겠습니다.

상주 – 직무에 얽매여 슬하에서 봉양 못한 것이 원한입니다.

[참고] 승중상은 아버지가 일찍 돌아가셔서 손자가 아버지 대신 조부모의 상복을 입는 것인데 상례의 모든 절차는 부모상과 동일하다.

2. 처상(妻喪)

조객 – 상사에 여쭐 말씀이 없습니다.

상주 – 상봉하솔(上奉下率)에 앞이 캄캄합니다.

조객 – 얼마나 섭섭하시겠습니까?

상주 – 젖먹이가 있어서 그것이 제일 불쌍합니다.

조객 – 고분지통(鼓盆之痛)이 오죽하겠습니까?

상주 – 신세 한탄이 간절합니다.

[참고] ① 상봉(上奉)은 부모님을 모신다는 말이고, 하솔(下率)은 어린 자식을 기른다는 말이다.
② 고분지통(鼓盆之痛)은 아내의 죽음을 슬퍼한다는 뜻이다.

3. 부상(夫喪)

조객 – 상사 말씀 무슨 말씀 여쭈오리까?

상주 – 꿈인가 합니다.

조객 – 천붕지통(天崩之痛)이 오죽하겠습니까?

상주 – 저의 박복으로 아까운 장부(丈夫)가 요수(夭壽)한 것이 유감입니다.

[참고] 천붕지통(天崩之痛)이란 하늘 무너지는 것 같은 아픔이라는 뜻으로
제왕이나 아버지의 죽음을 당한 슬픔을 이르는 말이다.

4. 자상(子喪)

조객   – 참척(慘慽)을 보시고 오죽이나 비감(悲感)하십니까?
상주 1 – 인사 받기가 부끄럽습니다.
상주 2 – 가운(家運)이 불길(不吉)하여 이 지경을 당하니 비참할 따름입니다.

[참고] 참척(慘慽) : 자손이 부모나 조부모보다 먼저 죽는 일

5. 형제상(兄弟喪)

조객 – 백씨(伯氏) 상사를 당하시니 오죽이나 비감하시겠습니까?
상주 – 부모 앞에 득죄한 것이 이루 말할 수 없습니다.

㉑ 치장(治葬)

치장이란 장지로 가서 매장하는 절차를 말한다. 최후의 영결을 하기 전에
장사 지낼 묘 자리를 먼저 잡은 다음 장사 지낼 날을 정하고 이를 미리 친척
또는 친지들에게 알리는 동시에 조전(朝奠) 때 영연(靈筵)에 고한다.

날짜를 정하면 영역(塋域)에 공사를 시작하고 사토제(祠土祭)를 지낸다. 이
날 상주는 조곡(朝哭)을 마치면 집사를 데리고 묘지로 정해진 자리에 네 모퉁
이를 판 다음에 표목(標木)을 세운다. 먼 친척이나 손님 중에 한 사람을 가려
서 후토(后土), 즉 토지신(土地神)에게 고하도록 한다. 이때 축관은 집사를 데
리고 표목 중간에서 신위(神位)를 남향으로 준비하고, 술잔에 술을 따르고 제
물을 진설한다. 이때 상주는 여기에 참례하지 않는다.

1. 영연(靈筵)에 고하는 고사(告辭)

금 이 득 지 어 모 군　모 리　모 좌 지 원　장 이
今已得地於某郡 某里 某坐之原 將以

모 월　모 일　양 봉　감 고
某月 某日 襄奉 敢告

[해설] 이미 땅을 ○○고을 ○○마을 ○○좌 언덕에 얻어서 장차 장례를
모시겠음을 아뢰옵니다.

2. 토지신(土地神)에 고하는 축문

유 세 차 간 지　모 월 간 지 삭　모 일　간 지
維歲次干支 某月干支朔 某日 干支

모 관 성 명　　　　　　　　감 소 고 우
某官姓名[官職이 없으면 幼學某라고 쓴다] 敢小告于

토 지 지 신　금 위　모 관 성 명
土地之神 今爲 某官姓名

영 건 택 조　신 기 보 우
營建宅兆 神其保祐

비 무 후 간　근 이　청 작 포 과
俾無後艱 謹以 淸酌脯果

지 천 우 신　상　향
祇薦于神 尙 饗

[해설] ○○는 토지신에게 고하나이다. 이제 아무개의 묘를 마련하오니 신
       께서 도우셔서 뒤에 어려움이 없도록 바라옵고 맑은 술과 포과로서
       올리오니 흠향하소서.

3. 동강선영축문(同岡先塋祝文)

維歲次干支 某月干支朔 某日 干支

孤子某(奉祀者名) 敢昭告于

顯考某官府君之墓 今爲 某官

府君 營建 宅兆于 某所

謹以 酒果用伸 虔告謹告

[해설] ○○는 감히 고하나이다. 아버지의 묘를 이제 모공(某公)의 묘소가
       계신 모처(某處)에 드리게 되었사옵기 삼가 주과로 경건히 고하나
       이다.

[참고] 모소(某所)는 묘의 좌, 혹은 우편의 위치를 말한다. 영건택조우(營建
       宅兆于)를 선장(先葬)에 합장할 경우에는 합폄우(合窆于)라 쓴다.

4. 광중(壙中)

광중이란 시체가 놓이는 무덤의 구덩이 부분을 이르는 말이다. 광중을 만들 때 내외 합장(合葬)일 때는 서편을 위로 삼아서 남자의 자리로 정한다. 요즘 풍속에는 품(品)자 모양으로 묘를 쓰는 일이 있는데, 이는 예법에 어긋나는 일이니 삼갈 일이며, 원배(元配)는 합장하고, 계배(繼配)는 다른 곳에 써야 한다.

광중을 팔 때 금정기(金井機)를 땅 위에 놓고 역사를 시작한다. 금정기란 네 개의 나무로 정(井)자 모양으로 관(棺)의 치수가 비슷하게 만든 것이다.

광중을 다 판 다음에는 석회(石灰)에 모래를 배합한 것을 가지고 관이 들어갈 자리의 주위와 바닥을 다져서 곽(槨)과 같이 만든다.

장사 지내는 날 돌 두 쪽을 광중 앞 가까운 곳에 묻는데 이것을 지석이라 한다. 요즘에는 오지그릇을 불에 구워서 지석으로 쓰는데 정결해서 매우 좋다. 거기에 글자를 새기면 더욱 좋다.

5. 지석(誌石)

◉ 지석(誌石) 뚜껑에 새기는 글

某官 某公諱 某氏之墓

◉ 지석 밑바닥에 새기는 글

某官 某公諱某 子某 某郡某洞人

考諱某 母某氏某封 某年月日生 經歷

某年月日終 某年月日 葬于某鄕

某里某處 娶某氏 某人之女

子男某 某官 女適 某官某人

◉ 부인의 지석 뚜껑에 새기는 글

某官姓名 某封 某氏之墓

◉ 부인의 지석 밑바닥에 새기는 글

敍年若干 適某氏 因夫子 致封號

㉒ 천구(遷柩)

　천구란 영구를 밖으로 내가려고 옮기는 것을 말한다. 발인(發靷)하기 하루 전날 조전(朝奠)에 천구할 것을 고한다. 영구를 받들고 사당에 가서 뵙고, 마루로 옮기고 나서 대곡(代哭)을 시킨다. 오복을 입을 친척들은 저마다의 상복을 입고 모두 모여서 곡을 한다.

조전을 올릴 때는 축관이 술을 올리고 북쪽을 향하여 무릎을 꿇고 고사(告辭)를 읽고 일어나면 상주 이하 모두가 곡을 하고 두 번 절한다. 영구(靈柩)를 옮기려 할 때는 부인들은 피하고 상주 이하 모두는 서서 지켜본다.

1. 이때 읽는 고사천구청사축문(告辭遷柩聽祀祝文)

금 이　길 신 천 구　감 고
今以　吉辰遷柩　敢告

[해설] 관을 밖으로 옮기기를 청하나이다.

2. 조전축문(祖奠祝文)

영 천 지 례　영 신 불 류
永遷之禮　令辰不留

금 봉 구 거　식 준 조 도
今奉柩車　式遵朝道

[해설] 영원히 가시는 예이오며, 좋은 때가 머무르지 아니하여 상여를 받들겠사오니 아침 길을 인도해 주소서.

㉓ 발인(發靷)

　발인은 장례를 지내러 가기 위하여 상여가 집에서 떠나는 절차를 말한다. 날이 밝으면 영구를 상여에 모시고 견전(遣奠)을 지낸다. 다시 말하면 집사가 조전(朝奠) 지낸 것을 치우면 축관이 북쪽을 향해서 무릎을 꿇고 고사를 읽는다. 이때 일꾼들이 영구를 옮겨 상여에 싣고 새끼로 튼튼히 맨다. 상주는 영구를 따라 곡하면서 내려가 싣는 것을 지켜보고 부인들은 장막 안에서 곡한다. 상여 맨 앞에는 방상(方相)을 세우고, 다음에 명정을, 그리고 영거(靈車), 상여의 순으로 선다. 상여 앞에는 공포(功布)가 서고, 곁에는 운삽(雲翣)을 세운다. 방상(方相)이란 초상 때 묘지에서 창을 가지고 사방의 모퉁이를 지키는 사람이다.

㉔ 견전(遣奠)

　견전이란 영구가 장지(葬地)를 향해서 떠날 때 지내는 제사를 말한다. 음식은 조전(朝奠)때와 같이 진설하고 축관이 술을 따라 올린 다음 무릎을 꿇고 고사(告辭)를 읽고 나면 상수 이하는 모두가 곡을 하고 절을 한다. 예법에는 없지만 효심의 발로로서 제사가 끝나면 포(脯)를 거두어 상여에 넣는 일이 있다.

◉ 견전축문(遣奠祝文)

영 이 기 가 　 왕 즉 유 택
靈輀旣駕 往卽幽宅

재 진 견 례 　 영 결 종 천
載陣遣禮 永訣終天

[해설] 상여를 매게 되었사오니 다음은 곧 무덤일 것입니다. 떠나 보내옵는 예를 베푸오니 영원토록 이별 하옵심을 고하나이다.

㉖ 운구(運柩)

영구를 묘소로 모시고 가는 상제는 도보 배행을 하는 것이 원칙이나, 원거리에 묘지가 있는 경우, 또는 발병(發病)으로 도보 배행이 어려울 때는 화려하지 않은 수레를 타고 가다가 묘소 앞 삼백 보(步)쯤에서 내린다.

상여로 운구할 때 묘지에 이르는 도중에 이른바 거릿제라고 하여 노제(路祭)를 지내기도 하는데, 이는 고인과 친한 친구나 친척 중에서 뜻있는 사람이 스스로 조전자(弔奠者)가 되어 제물을 준비하였다가 지내는 것이다. 운구 도중 적당한 장소에 장막, 혹은 병풍을 쳐서 제청(祭廳)을 마련하여 영여(靈輿)를 모셔 그 앞에 제물을 진설하고 상주 이하 복인들이 늘어서면 조전자(弔奠者)가 분향(焚香)한 후 술잔을 올리고 꿇어 앉아서 제문(祭文)을 읽으면 모도 재배(再拜)한다.

노제 축문은 조전자가 망인과의 정의와 그분의 업적 등을 칭찬하는 작사(作詞)로 하여 조의(弔意)를 표한다.

◉ 노제축문(路祭祝文)

유 세 차 간 지　　대 세　　모 월 간 지 삭
維歲次干支(大歲) 某月干支朔

모 일 간 지　　일 진
某日干支(日辰)

幼學某(弔奠者 姓名) 敢昭告于
（유 학 모 / 감 소 고 우）

顯考某官府君(某公, 某封, 某氏)
（현 고 모 관 부 군）

之柩 尚饗
（지 구 / 상 향）

[해설] 모(某)는 감히 모공(某公)의 관(棺)에 고하나이다. (고인의 덕행과 업적 등을 씀) 흠향하소서.

㉖ 하관(下棺)과 성분(成墳)

하관할 때 상주 형제들은 곡을 그치고 하관하는 것을 자세히 지켜본다. 다른 물건이 떨어지거나 관이 비뚤게 놓이지 않나 하는 것을 살펴본다.

하관을 하는 데는 먼저 가느다란 나무 두 개를 회벽(灰壁) 위에 놓고 기다란 나무 두 개를 광구(壙口)에 놓은 다음 영구 위에 있는 명정과 구의(柩衣)를 벗기고 관을 나무 위에 올려놓는다. 여기에서 다시 무명 두 가닥으로 관 밑바닥을 떠서 양쪽 머리에서 관을 들고 장목을 치운 다음 서서히 광중(壙中)으로 내려 보낸다. 회벽 위 나무에 관이 놓이면, 거기에서 다시 비뚤어지지 않았는가를 살핀 뒤에 나무토막을 치우고 광중으로 내려 보낸다.

이것이 끝나면 현훈(玄纁)을 가져다가 상주에게 주면 상주는 받아서 축관에게 준다. 축관은 이것을 받들고 들어가 관의 동쪽, 즉 죽은 사람의 왼편에 바친다. 또 현(玄)은 동편 위에 훈(纁)은 서편 아래에 올린다. 상주가 두 번 절하고 이마를 조아리고 나면 모든 사람이 슬프게 곡을 한다.

현훈이란 장사 지낼 때에 산신에게 드리는 검은 색과 붉은 색의 두 조각 폐백으로서 이것을 색실로 동심결로 묶은 것이다.

석회(石灰)를 처음 넣을 때는 관 위에 횡판(橫板)을 대서 회가 관에 직접 닿지 않게 한다. 백회로 관 위를 채운 뒤에 지석(誌石)대 위에 글씨를 쓰는 수도 있다. 그리고 상주는 두루마기나 옷자락에 깨끗한 흙을 담아 관의 상하좌우로「취토! 취토! 취토!」라고 세 번 외치면서 먼저 흙을 던진다. 흙을 채울 때는 한자쯤 채우고서 다진다. 다음에 지석을 묻고 성분(成墳)을 한다.

◉ 평토후사토지신축문(平土後祀土地神祝文)

유 세 차　간 지　모 월 간 지 삭
維歲次　干支　某月干支朔

모 일 간 지　유 학 모　감 소 고 우
某日干支　幼學某　敢昭告于

토 지 지 신　금 위　모 관　폄 자 유 택
土地之神　今爲　某官　窆玆幽宅

신 기 보 우　비 무 후 간　근 이
神其保佑　俾無後艱　謹以

청 작 포 혜 과　지 천 우 신　상 향
淸酌脯醯(果)　祗薦于神　尙 饗

[해설] ○○는 토지신에게 감히 고하나이다. 이제 모(某)의 묘를 마련하니 신께서 도우셔서 뒤에 어려움이 없도록 하여 주시기 바라옵고 맑은 술과 포혜로서 올리오니 흠향하소서.

◉ 평토후제주제축문(平土後題主祭祝文)

유 세 차　간 지　모 월 간 지 삭
維歲次 干支 某月干支朔

모 일 간 지　고 자 [母喪에는 哀子]　모　감 소 고 우
某日干支 孤子 某 敢昭告于

현 고　모 관 부 군　형 귀 둔 석　신 반 실 당
顯考 某官府君 形歸窀穸 神返室堂

신 주 기 성　복 유 존 령
神主旣成 伏惟尊靈

혼 상 유 존　잉 구 시 의
婚喪猶存 仍舊是依

[해설] 아들 ○○는 감히 아버님께 고하나이다. 신혼(神魂)은 집으로 돌아가
시옵소서. 신주는 이미 사당에 모시었으니 영혼은 옛과 같이 여기에
기대시고 의지하소서.

　평토(平土)를 한 뒤에는 금정기(金井機)안에 숯가루나 혹은 석회를 조금 뿌
려 둔다. 이것을 다음 날에 혹 분묘를 고치거나 합장을 할 경우에 참고가 되
게 하기 위함이다.
　비석은 좋은 돌을 골라서 하되, 길이는 석자 정도로 하고, 넓이는 한 자 정
도로 한다. 두께는 넓이의 삼분의 이쯤이 적당하다.
　비석에 쓰는 글이 한 장일 때는 다른 줄에 「某封某氏示付左」라고 쓴다.

㉗ 반곡(返哭)

반곡(返哭)이란 상주 이하가 영거(靈車)를 모시고 천천히 집으로 돌아가면서 곡하는 것을 말한다. 집에 이르러 문이 보이면 모두 다시 곡을 한다.

집에 도착하기 전에 집사가 만들어 놓은 영좌에 축관이 신주를 그 자리에 모셔놓고 혼백은 그 뒤로 놓는다. 이때 상주 이하는 영좌 앞에 나아가 슬피 곡을 한다.

㉘ 우제(虞祭)

1. 초우제(初虞祭)

초우는 반드시 장례를 모신 날 중으로 지낸다. 혹시 묘소가 멀더라도 이 날을 넘기지 말아야 하며, 만일 집이 멀어서 당일 못하고 중도에서 유숙하게 되는 경우는 유숙하는 집에서라도 지낼 일이다.

이 날 상주 이하는 모두 목욕을 하지만 빗질은 하지 않는다. 만일 부득이 목욕할 겨를이 없으면 간단하게나마 몸을 씻는 것이 옳다.

초우 이후부터는 정식 제사(祭祀)로 지낸다. 서쪽 뜰서 남쪽 위에 세숫대야와 수건을 준비한다. 대야는 탁자 위에 놓고 수건을 줄을 매고 걸어 놓는다. 술병은 영좌 동남쪽에 탁자를 마련하고 그 동쪽에 놓아둔다. 술잔과 잔받침 그리고 퇴주(退酒)그릇도 그 위에 놓아둔다. 화로를 영좌 서남쪽에 놓고 그 서쪽에 탁자를 준비하여 그 위에 축판(祝板)을 놓고 향로에 불을 담아서 역시 그 위에 놓는다. 또 이 향안(香案) 앞에 모래를 담아 놓고 그 위에 띠(茅)를 조금 묶어 놓는다. 날이 어두워지면 촛불을 켜고 제물은 조전(朝奠)과 같이 한다.

2. 강신(降神)

강신할 때는 축관이 곡을 그치도록 한다. 이때 상주는 서쪽 뜰로 내려가서 손을 씻고 영좌 앞으로 나가서 분향하고 두 번 절한다. 집사도 손을 씻고 한 사람은 술병을 들고 상주의 오른편에 서고, 한 사람은 잔반(盞盤)을 가지고 왼편에 선다.

상주와 집사가 꿇여 앉아서 병을 가진 집사가 술을 따르면 주인은 받아서 띠 위에 붓고 빈 잔을 집사는 준다. 집사는 이것을 받아 탁자 위 제자리에 놓는다. 상주는 엎드렸다가 일어나 조금 뒤로 물러나와 두 번 절하고 본래의 자리로 간다.

이렇게 강신(降神)이 끝나면 축관은 제물을 올리는데 집사가 이를 돕는다.

3. 초헌(初獻)

초헌이란 제사에 첫 번째로 잔을 신위(神位)에 드리는 것을 말한다. 그 절차는 상주가 영좌 앞으로 나아가면 집사가 영좌 앞에 있는 잔을 가져다가 상주에게 주고 술을 따른다. 상주는 받은 술을 모사(茅沙)위에 삼제(三除) 한 다음 집사에게 건네주고 잠시 엎드렸다가 일어선다. 집사는 받은 잔을 영좌 앞에 놓고 밥그릇 뚜껑을 열어 놓는다. 상주 이하가 모두 무릎을 꿇고 엎드리면 축관이 축판(祝板)을 가지고 상주 왼쪽으로 나와 무릎을 꿇고 축문을 읽는다. 축관이 축문을 다 읽고나면 상주는 곡하고 두 번 절한 뒤에 다시 제자리로 와서 곡한다.

◉ 초우축문(初虞祝文)

유 세 차 　간 지 　모 월 　간 지 삭
維歲次 干支 某月 干支朔

某日干支 孤子〔母喪엔 哀子〕 某敢昭告于

顯考 某官府君 日月不居 奄及

初虞(再虞 또는 三虞) 夙興夜處

哀慕不寧 謹以〔妻엔 茲以〕 清酌庶羞

哀薦〔妻엔 陳此〕 祫事〔再虞엔 虞事 三虞엔 成事〕 尚 饗

[해설] 아버님 돌아가시고 어언 초우가 되었습니다. 밤낮으로 사모하여 편
할 수가 없습니다. 삼가 맑은 술과 음식으로 제사를 지내오니 흠향
하옵소서.

4. 아헌(亞獻)

두 번째로 신위에 잔을 올리는 것을 아헌이라 한다.

이것은 주부가 하는데, 모든 절차는 초헌 때와 같으나 축문은 읽지 않는다.
절은 네 번을 하며, 손자가 승중(承重)인 경우에는 손부(孫婦)가 하게 된다.

5. 종헌(終獻)

종헌은 상주 다음으로 가까운 사람이 하는데, 남녀 구별 없이 아헌 때와
같은 절차로 행하여 올린 술잔은 그대로 두어둔다.

다음으로 하는 절차는 유식이다.

① 유식(侑食) : 유식이란 원래 웃어른을 모시고 식사를 한다는 말도 되고

또 식사를 즐겁게 들도록 한다는 말도 된다. 여기서는 후자에 속한다.

② 합문(闔門) : 합문이란 문을 닫는 것을 말한다. 문이 없으면 발을 내린다. 상주와 남자들은 문밖 동쪽에 서서 서쪽을 향하고 주부와 여자들은 문 서쪽에 서서 동쪽을 향한다. 이런 자세로 식사시간만큼 기다린다.

③ 계문사신(啓門辭神) : 계문사신이란 신으로 하여금 작별케 하는 것을 말한다. 축관이 문 북쪽에 가서 기침을 세 번 하고 문을 열면 상주 이하가 모두 제자리로 돌아간다. 집사는 국을 거두고 그 대신 냉수를 가져다가 국을 놓았던 자리에 놓고는 3초반 한 다음 축관이 상주 오른쪽에 서서 서쪽을 향해서 이성(利成)을 고한다. 3초반은 세 번 밥을 떠서 물에 마는 것을 말한다.

④ 이성(利成) : 신위에 대하여 음식 올리는 일이 끝났음을 말한다. 이(利)는 즉 양(養) 이요, 성(成)은 필(畢)이니 양례(養禮)가 끝났다는 말이다.

이때 집사는 수저를 내려놓고 밥그릇 뚜껑을 덮고 자기 자리로 간다. 상주 이하는 모두 곡하면서 두 번 절하고 축관은 축문을 불사른다. 이로써 제사는 끝나고 밖으로 나가면 집사는 제물을 치운다.

만일 초우를 낮에 지냈으면 저녁에 상식을 다시 올린다. 상식과 우제는 별개의 행사이기 때문이다. 이때부터 조석전(朝夕奠)은 올리지 않는다.

6. 재우(再虞) · 삼우(三虞)

초우를 지내고 재우를 지낸 후 첫 유일(柔日)을 당하면 삼우를 지낸다. 그러나 조석전을 올리지 않더라도 슬픈 마음이 생기면 언제라도 곡하는 것이 또한 예이다.

유일이란 을(乙) · 정(丁) · 계(癸)의 간지(干支)에 해당한 날이다. 제사를 지내는 법은 초우 때와 똑같다. 하루 전에 제기(祭器)를 정리하고 음식을 마련하여 동이 틀 무렵에 일어나 채소와 실과와 술과 반찬을 진설하고 날이 밝으려 할 때 제사를 지낸다.

강일(剛日)이란 갑(甲)·병(丙)·경(庚)·임(任)에 해당한 날이다. 제사 지내는 법은 재우 때와 마찬가지다.

㉙ 졸곡(卒哭)

졸곡은 삼우가 지난 뒤 3개월 안에 강일(剛日)에 지내는 제사이다. 요즘 풍속에는 귀천 없이 모두 3개월만에 강일을 지내지만 고례에 의하면 대부(大夫)만이 석달만에 장사를 지내지만 사(士)는 1개월을 넘어서 지낸다. 제사 지내는 의식은 모두 우제(虞祭)때와 같다.

강일 지낸 후는 조석에 슬픈 마음이 생겨도 곡하지 않는다. 그리고 상주 형제들은 채소와 밥은 먹으나 실과는 먹지 않는다.

◉ 졸곡 축문(卒哭 祝文)

유 세 차 간 지 모 월 간 지 삭 모 일 간 지
維歲次 干支 某月干支朔 某日干支

고 자 모 감 소 고 우
孤子某 敢昭告于

현 고 모 관 부 군 일 월 불 거 엄 급
顯考某官府君 日月不居 奄及

졸 곡 숙 흥 야 처 애 모 불 녕
卒哭 夙興夜處 哀慕不寧

근 이 청 작 서 수 애 천 성 사 상 향
謹以 淸酌庶羞 哀薦 成事 尚 饗

[해설] ○○는 감히 아버님께 고하나이다. 아버님 돌아가시고 어언 졸곡의
때가 되었습니다. 밤낮으로 슬피 사모하여 편할 수 없습니다. 삼가
맑은 술과 여러 음식을 올리오니 흠향하소서.

[참고] 이 축문에서도 칭호에 대해서는 우제 때의 축문과 같다.

㉚ 부제(祔祭)

부제란 신주를 그 조상의 신주 곁으로 모실 때 지내는 제사로서 졸곡을 지
낸 다음날 지낸다.

◉ 신주를 모셔 내올 때 읽는 축문

금 이 현 고 모 관 부 군 　 원 휘 지 진
今以 顯考某官府君 遠諱之辰

감 청 　 신 주 출 취 　 정 침
敢請 神主出就 正寢

[해설] 돌아가신 날이 옴에 신주가 나오셔서 정침(正寢)에 나아가시기를
감히 청하나이다.

㉛ 치상(治喪) 뒤 인사

　　장례식이 끝나면 일보던 사람들이 돌아가는데, 이때 상주는 물론이려니와 상제들이 각각 치사의 인사를 잊어서는 안된다. 때에 따라서는 수고를 해주신 분들에게 사례를 해야 할 것이다.

1. 조장(弔狀)과 답장(答狀)

▶ 조장 예문

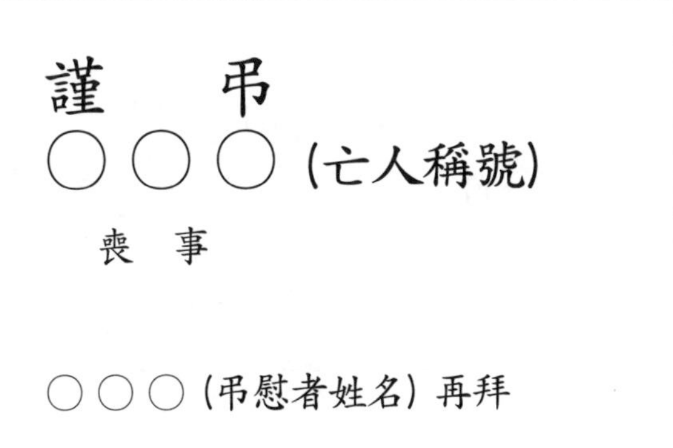

부친께서(또는 모친) 별세 하셨다니 참으로 놀라운 일이오며 부득이한 사정으로 곧 가서 조문치 못하고 서면으로서 삼가 조의를 표하나이다.

년　월　일

○ ○ ○ 근조

○ ○ ○ 귀하

伏蒙 尊座

附賜 慰問

不勝 哀感

年　　月　　日
　　○○○ (喪主姓名) 再拜
○○○ 氏 座前

부친(또는 모친) 상중에 정중하신 위문과
부의(賻儀)를 보내 주시어 감사하옵니다.
염려하여 주신 덕택으로 장례를 무사히 마
쳤사옵기 삼가 감사의 뜻을 표하옵니다.

　　　　　　　년　　월　　일

　　　　　　○ ○ ○ 재배

○ ○ ○ 귀하

稽顙再拜言

今般 先考喪事時에는 公私多忙하신 중에 鄭重하신 弔
問과 厚賻를 伏蒙하와 無事히 葬禮를 畢하였사옵기 宜
當進拜致謝할 것이오나 荒迷中 于先 紙上으로 人事말
씀을 올리나이다.

　　　　　　　　　　　　　年　　月　　日

　　　　　　　孤哀子 ○○○

[참고] ① 근조(謹弔)는 부모상가 승중상(承重喪)에 한하여 쓰고

　　　　② 상사(喪事)가 손아래 사람인 경우에는 상변(喪變)이라 쓴다.

　　　　③ 애전(哀前)은 부모상과 승중상에 있는 사람에게만 쓰고 그 밖에

　　　　　는 복좌전(服座前)이라 쓴다.

▶ 조장봉투 서식

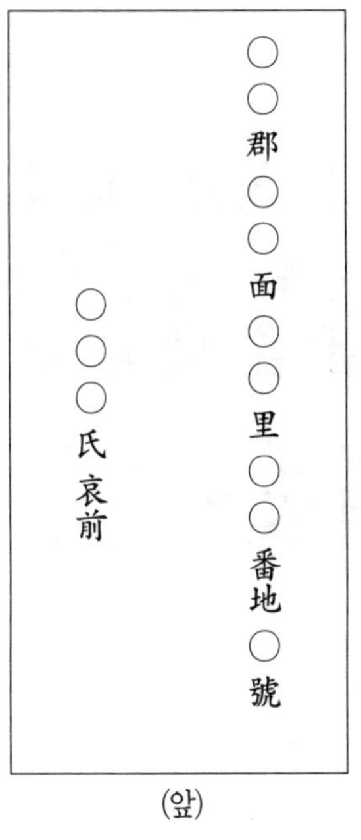

(앞)

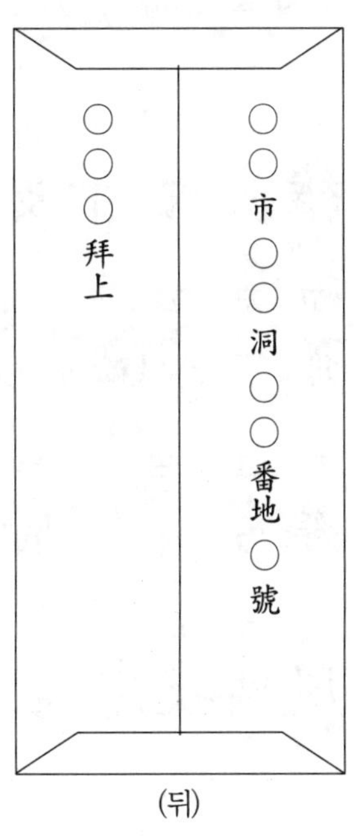

(뒤)

㉜ 소상(小祥)

소상이란 초상을 치른 지 만 1년 되는 날 지내는 제사를 말한다. 하루 전에 상제 이하 목욕을 하고, 음식을 장만하고, 연복(練服)도 준비한다. 날이 밝으면 일어나서 제찬을 진설하고 곡을 시작한다.

옛날에는 날을 받아서 지냈지만 지금은 기일(忌日)에 지낸다. 아버지가 살아 계실 경우에는 어머니 초상 11개월 만에 연사(練祀)를 지낸다. 이러한 절차는 실상 3년의 형체를 갖추는 것이다. 그러므로 11월 만에 연사를 지내는 것도 사실은 기년(朞年)으로 치는 셈이 된다.

이 제사도 졸곡(卒哭)의 절차와 같으며, 연복을 입게 되므로 남자는 수질(首絰)을 벗고 여자는 요질(腰絰)을 벗는다. 그리고 기복만 입은 사람은 길복(吉福)으로 갈아입어야 한다. 그러나 소상을 지내는 달이 다 가기 전에 연복으로 갈아 입고 곡한다.

◉ 소상 축문(小祥 祝文)

유 세 차 　 간 지 　 모 월 　 간 지 삭 　 모 일 간 지
維歲次 干支 某月 干支朔 某日干支

고 자 모　　　　　　　봉 사 자 명　감 소 고 우
孤子某 〔母喪에는 孤哀子〕 奉祀者名 敢昭告于

현 고 　 모 관 부 군 　 일 월 불 거 　 엄 급 소 상
顯考 某官府君 日月不居 奄及小祥

숙 흥 야 처 　 애 모 불 녕
夙興夜處 哀慕不寧

$$\underset{\text{근}}{謹}\underset{\text{이}}{以}\ \underset{\text{청}}{淸}\underset{\text{작}}{酌}\underset{\text{서}}{庶}\underset{\text{수}}{羞}\ \underset{\text{애}}{哀}\underset{\text{천}}{薦}\underset{\text{상}}{常}\underset{\text{사}}{事}\ \underset{\text{상}}{尙}\ \underset{\text{향}}{饗}$$

[해설] 자모(子某)는 감히 고하나이다. 아버지 돌아가신 날이 다시 돌아오니 영원토록 애모하는 마음을 이기지 못하여 삼가 맑은 술과 여러 가지 음식을 공순히 드리오니 흠향하시옵소서.

[참고] 제사 때에 쓰는 축문의 서식은 모두 같으나 제위(祭位)와 제사를 지내는 사람의 칭호만이 각각 촌수에 따라 달리 쓰이게 된다.

㉜ 대상(大祥)

소상(小祥)을 지내고 만 1년 만에 지내는 제사가 대상이다. 그러나 아내를 위한 대상은 13개월 만에 첫 제사로써 지낸다. 제례식은 소상 때와 다름이 없으나 상복(喪服)을 벗고 연복(練服)으로 갈아입게 됨으로서 3년 상을 마치게 되는 것이다.

◉ 대상 축문(大祥 祝文)

維歲次 干支 某月干支朔 某日干支

孤子某(奉祀者名) 敢昭告于

顯考 某官府君 日月不居 奄及大祥

숙 능 야 처 애 모 불 녕
夙興夜處 哀慕不寧

근 이 청 작 서 수 애 천 상 사 상 향
謹以 淸酌庶羞 哀薦常事 尚 饗

[해설] 아버님을 잃은 아들 ○○는 애모하는 마음은 한시도 편할 수가 없습니다. 이제 대상을 맞아 삼가 맑은 술과 음식을 올리오니 흠향하시옵소서.

㉝ 담제(禫祭)

　　담제란 대상 후 둘째 달에 지내는 제사인데, 아버지가 계실 경우 어머니상(喪)이나 처상(妻喪)은 초상 후 15개월 만에 지낸다. 날짜는 정일(丁日)로 하되 초상이 겹쳐진 때는 지내지 못한다. 담제일은 상주를 위시한 복인들이 사당 문 밖에 모여 향을 피우고 정한다. 날짜가 정해진 다음 상주가 사당에 들어가 감실 앞에 재배(再拜)할 때 다른 복인들도 재배한다. 축관이 명사(命辭)를, 분향하는 상주의 왼쪽에 꿇어앉아서 읽기를 마치면 상주 이하 모든 복인은 재배하고 상주는 사당 밖으로 나온다. 이때 뒤따라 나오는 축관이 사당문을 닫는다.

　　의례절차는 대상 때와 같으며 신위(神位)는 영좌가 있던 곳에 차린다. 곡은 사신(辭神)할 때 외에는 하지 아니한다.

◉ 담제 축문(禫祭 祝文)

유 세 차 간 지 모 월 간 지 삭 모 일 간 지
維歲次 干支 某月 干支朔 某日 干支

고 자 모 봉 사 자 명 감 소 고 우
孤子某(奉祀者名) 敢昭告于

현 고 모 관 부 군 일 월 불 거 언 급 담 제
顯考 某官府君 日月不居 奄及禫祭

숙 흥 야 처 애 모 불 녕
夙興夜處 哀慕不寧

근 이 청 작 서 수 애 천 담 사 상 향
謹以 淸酌庶羞 哀薦禫事 尙 饗

[해설] ㅇㅇ는 감히 고하나이다. 어언간 세월이 흘러 아버님 돌아가신 담제가 되었습니다. 밤낮으로 슬프게 애모하는 마음을 이기지 못하여 삼가 맑은 술과 여러 가지 음식을 갖추어 올리오니 흠향하소서.

㉞ 길제(吉祭)

길제는 담제를 지낸 다음 달에 지내는 제사이다. 정일(丁日)이나 해일(亥日)로 날을 잡아 지낸다. 상주는 길제를 지낸 다음날부터 상복을 벗는다. 5대는 제사 후에 묘사(墓祀)에 옮긴다.

◉ 길제 축문(吉祭 祝文)

유 세 차 간 지 모 월 간 지 삭 모 일 간 지
維歲次 干支 某月干支朔 某日干支

오 대 손 모 봉 사 자 명 감 소 고 우
五代孫 某(奉祀者名) 敢昭告于

현 오 대 조 고 모 관 부 군
顯五代祖考 某官府君

현 오 대 조 비 모 봉 모 씨
顯五代祖妣 某封某氏

선 고 모 관 부 군 상 기 이 진 고 인 제 례
先考某官府君 喪期已盡 古人制禮

사 지 사 대 심 수 무 궁 분 칙 유 한
祀止四大 心雖無窮 分則有限

신 주 당 조 천 유 정 침 불 승 감 창
神主當祧遷于正寢 不勝感愴

근 이 청 작 서 수 지 천 세 사 상 향
謹以 淸酌庶羞 祗薦歲事 尙 饗

[해설] 5대손 ○○는 감히 고하나이다. 아버지의 상기(喪期)가 다 되었으므로 신주를 사당으로 옮기려고 합니다. 이에 따라 조고비(祖考妣)의 신주는 채천하게 되었고 고조고비(高祖考妣)의 신주는 고쳐 쓰게 되었으니 그 슬픔을 감당할 길이 없어 맑은 술과 음식을 올려 삼가 고하나이다.

㉟ **이장(移葬)**

　개장(改葬)이라고도 한다. 이장은 묘를 옮겨 다시 쓰는 것으로 이장을 할
때에는 옛 묘소의 토지신에게 제수를 진설한 다음 헌주(獻酒) 재배하고 축문
을 읽는다.

◉ 토지신에게 드리는 축문

유세차　간　지　　모월간지삭　　모　일간지
維歲次　干支　某月干支朔　某日干支

모　　봉사자명　　감소고우　　토지지신
某(奉祀者名)　敢昭告于　土地之神

자유모친　모관　복택자지　공유타환
茲有某親　某官　卜宅茲地　恐有他患

장계폄　천우타소　근이　청작포과
將啓窆　遷于他所　謹以　清酌脯果

지천우신　기우지신　상　향
祗薦于神　其佑之神　尚　饗

[해설] ○○는 토지신에게 고하나이다. 이제 아무 벼슬한 어른의 묘를 이
　　　곳에 써 놓고 생각해보니 다른 걱정으로 염려되어 장차 묘혈을 열
　　　어 다른 곳으로 옮겨 가려고 하오니 신께서 도와주소서.

　토신제를 지내고 나면 묘소 앞에 제상을 차리고 초상 때와 마찬가지로 다
시 제사를 지낸다.

유 세 차　간 지　모 월 간 지 삭　모 일 간 지
維歲次 干支 某月干支朔 某日干支

모 친 모 관 모　감 소 고 우
某親某官某 敢昭告于

현 모 친 모 관 부 군　장 우 자 지
顯某親某官府君 葬于玆地

세 월 자 구　체 백 불 녕
歲月滋久 體魄不寧

금 장 개 장　복 유 존 령　불 진 불 경
今將改葬 伏惟尊靈 不震不驚

[해설] 이곳에 장사 지낸 지 너무 오래 되어 체백이 편안치 못하실까 염려
되어 장차 다른 곳으로 모시려고 하나이다. 엎드려 바라옵건대 존
령은 움직이거나 놀라지 마시옵소서.

묘를 팔 때는 서쪽부터 시작해서 사방을 한 번씩 찍을 때마다 "파묘(破墓)!"
라고 외친 다음에 흙을 파내기 시작한다.
　관은 미리 마련한 칠성판에 올려놓고 머리에서 아래로 내려오면서 북두칠
성을 그린 칠성판과 함께 엄포(舍布)로 감는다. 시체를 이장지로 옮긴 다음에
도 전과 같은 의식에 따라 토신제를 지낸다.

◉ 개장 후 토지신에게 읽는 축문

유 세 차 　 간 지 　 모 월 간 지 삭 　 모 일 간 지
維歲次 干支 某月干支朔 某日干支

모 　 봉 사 자 명 　 감 소 고 우 　 토 지 지 신
某(奉祀者名) 敢昭告于 土地之神

금 위 모 관 부 군 　 택 조 불 리 　 장 개 장 우 차
今爲某官府君 宅兆不利 將改葬于此

신 기 보 우 　 비 무 후 간 　 근 이
神其保佑 俾無後艱 謹以

청 작 포 과 　 지 천 우 신 　 상 　 향
清酌脯果 祇薦于神 尚 饗

[해설] ○○는 토지신에게 감히 고하나이다. ○의 무덤이 이롭지 못하여
　　　 이제 이곳에 개장하려 하오니 신께서는 보우하시고 후에 어려움이
　　　 없게 하여 주시기를 빌면서 삼가 주과 포혜로서 천신하오니 흠향하
　　　 소서.

◉ 개장이 끝나고 옮긴 묘소에 고하는 축문

유 세 차 　 간 지 　 모 월 간 지 삭 　 모 일 간 지
維歲次 干支 某月干支朔 某日干支

모 　 봉 사 자 명 　 감 소 고 우
某(奉祀者名) 敢昭告于

현 모 관 부 군 지 묘 신 개 유 택 사 필 봉 영
顯某官府君之墓 新改幽宅 事畢封塋

복 유 존 령 영 안 체 백
伏惟 尊靈 永安體魄

[해설] ○○는 감히 고하나이다. ○의 묘를 새로 마련하여 봉분을 마쳤습니다. 엎드려 바라옵건대 존령께서는 체백이 편안하옵소서.

③ 종교식 상례

① 천주교의 상례

가능한 한 병자가 임종하기 전에 신부를 모셔다가 마지막 성사(聖事)인 종부(終傅)성사와 아울러 고해(告解)성사를 받게 한다.

부득이하여 신부를 청하지 못하는 경우에는 가족이나 또는 신자(信者)는 성경을 읽어서 들려주고 운명할 때는 편안한 마음으로 떠날 수 있도록 하기 위해 울음을 삼가고 염경(念經)을 한다.

병자가 운명을 하면 즉시 본당 신부에게 알리는 한편, 시신(屍身)은 일반 수시(收屍)때와 같이 눈을 감기고 입을 다물게 하고 정결한 옷으로 갈아입힌 다음, 십자고상(十字苦像)을 양손으로 합장하듯 쥐게 하고 깨끗한 붕대 같은 것으로 묶어 준다.

장례절차는 3일, 7일, 30일에는 연미사(煉彌撒)를 드리고 특히 소기 때는 연미사에 이어 온 가족이 고해, 영성체를 드린다.

추사이망첨례 날은 즉 모든 죽은 사람을 위하여 미사를 올리고 기도하는 날은 반드시 묘지를 방문 하도록 하고 있지만 연중 수시로 묘지를 방문해도 무방하다.

❷ 불교의 상례

불교식 상례도 일반 상례와 의식 절차가 비슷하나 장례는 다비(茶毗)라고 하며 화장(火葬)으로 치룬다. 주례승(主禮僧)은 시신이 다 탈 때까지 지켜 서서 독경(讀經)하며, 유골은 쇄골(碎骨)한 다음 절에 봉안(奉安)하고 49제, 100제(百日祭), 소기, 대기를 지내고 3년상을 치룬다.

그리고 또 고인의 생일을 맞으면 추도식을 갖기도 하며, 재(齋)와 영반(靈飯)도 있다.

절차는 다음과 같다.

① 개식(開式) : 호상(護喪)이 한다.

② 삼귀의례(三歸儀禮) : 주례승이 하며 불(佛), 법(法), 승(僧)의 세 가지 귀한 것(三寶)에 돌아가 의지한다는 예(禮)로 불교의식에서는 항상 있다.

③ 약력보고(略歷報告) : 망인을 추모하는 뜻에서 망인과 생존시에 가까웠던 친구가 한다.

④ 착어(着語) : 주례승이 망인을 위해서 부처님의 교법(敎法)의 힘을 입어 망인을 안정시키는 말이다.

⑤ 창혼(唱魂) : 주례승이 하며 극락세계에 가서 고이 잠들라는 것으로 요령(搖鈴)을 치며 한다.

⑥ 헌화(獻花) : 유지나 친지 대표가 한다.

⑦ 독경(讀經) : 주례승과 참례자 모두가 망인의 혼을 안정시키고 생존 시의 모든 관계를 잊고 부처님 세계에 고이 잠들라는 염불(念佛)이다.

⑧ 추도사(追悼辭) : 초상에는 조사(弔辭)라고 하며 일반에서 하는 것과 같다.

⑨ 소향(燒香) : 일동이 함께 향을 태우며 추모하고 애도(哀悼)한다.

⑩ 사홍서원(四弘誓願) : 주례승이 하는 것으로 다음과 같은 것이다.

   ○ 중생무변서원도(衆生無邊誓願度) : 중생은 끝이 없으니 제도(濟度)하여 주기를 맹세하는 것이다.

   ○ 번뇌무진서원단(煩惱無盡誓願斷) : 인간의 번뇌는 끊기를 원하는 맹세이다.

   ○ 법문무량서원학(法門無量誓願學) : 불교의 세계는 한량이 없으니 배우기를 원한다는 것이다.

   ○ 불도무상서원성(佛道無上誓願成) : 불도보다 더 훌륭한 것이 없으니 불도를 이루기를 맹세코 원한다는 것이다.

⑪ 폐식(閉式)을 선언한다.

❸ 기독교식 상례

1. 일반영결식순(一般永訣式順)

① 식사(式辭) : 주례목사의 개식사를 말한다.

② 찬송(贊頌) : 주례목사가 임의로 택한다.

③ 기도 : 죽은 사람의 명복을 빌고 아울러 유족들에게 위로하는 내용의 기원이다.

④ 성경 봉독 : 대개 고린도 후서 5장 1절이나 디모데 전서 6장 7절을 낭독한다.

⑤ 시편(詩篇) 낭독 : 시편90편을 보통 읽는다.

⑥ 신약 낭독 : 대개 오한복음 14장 1절부터 3절이나 데살로니가전서 4장 13절부터 18절을 낭독한다.

⑦ 기도

⑧ 약력보고

⑨ 주기도문

⑩ 출관

2. 하관식순(下棺式順)

① 기도 : 주례목사가 한다.

② 성경 낭독 : 고린도전서 15장 51절부터 58절까지를 읽는다.

③ 선고 : 참석자 중의 누구든지 흙을 집어 관에 던지고 목사는 하나님
께로부터 왔다가 다시 돌아감을 선언한다.

④ 기도 : 명복을 비는 기도를 주례목사가 한다.

⑤ 주기도문

⑥ 축도

3. 아동영결식순

① 식사 : 개식의 선언으로 목사가 한다.

② 찬송 : 목사가 임의로 선택한다.

③ 기도 : 명복을 비는 기원이다..

④ 성경 봉독 : 마가복음 10장 17절을 대게 읽는다.

⑤ 위안사 : 주례목사가 가족들에게 하는 위안의 말

⑥ 기도

⑦ 출관

1. 수시(收屍)

천도교에서는 사람의 죽음을 환원(還元)이라 한다. 환원 직후 천도교 의식에서 쓰는 말로 한다면, 청수(淸水)를 봉전(奉奠)하고 가족 일동이 심고(心告)한 후 신시 수염(收殮)한다. 심고(心告)란 하느님께 고하는 일종의 기도로서 다음과 같다.

〈성령(性靈)이 우리의 성령에 융합되어야 길이 인계극락(人界極樂)을 향수(享受)하옵소서〉

2. 수조(受弔)

정당(正堂)에 청수탁(淸水卓)을 설치해 놓으면 조문하는 사람들이 이 앞에서 심고(心告)한 후 상주(喪主)에게 조의를 표한다.

3. 입관(入棺)

입관(入棺)을 하기에 앞서 명정(銘旌)은 다음과 같은 형식으로 쓴다.

天道敎 神男(女) ○○○氏之柩

원직(原職)이 있는 경우에는 신남 신녀 대신 최고 직명과 도당호(道黨號)로 표시한다. 입관식을 마친 후에는 청수를 봉전(奉奠)하고 심고를 한다.

4. 성복식(成服式)

역시 청수를 봉천하고 상복을 입은 후 심고한다. 상복은 검은 색의 천으로 하나, 천의 질은 형편에 따라 자유로 한다.

5. 운구(運柩)

청수봉전(淸水奉奠)이 끝나면 심고한 후 운구한다.

영결식은 자택에서 거행할 때는 운구식을 생략하며 영결식은 발인시에 행한다. 식은 자택이나 특정한 장소에서 하되 그 순서는 다음과 같다.

① 개식(開式)

② 청수봉전(淸水奉奠)

③ 식사(式辭)

④ 심고(心告) : 전원이 한다.

⑤ 주문(呪文) : 3회 병독(竝讀)

⑥ 약력보고(略歷報告)

⑦ 위령문 낭독(慰靈文 朗讀)

⑧ 조사(弔辭) : 내빈 중에서

⑨ 소향(燒香)

⑩ 심고(心告)

⑪ 폐식(閉式)

6. 상기(喪期)와 기도식

상기(喪期)는 배우자의 부모와 부부인 경우는 105일이며, 조부모, 숙부, 형제자매인 경우는 49일이다. 위령이면 전자의 경우는 환원일로부터 7일, 31일, 49일 되는 날 행하되 그 순서는 다음과 같다.

① 재계(齋戒)

② 청수봉전(淸水奉奠)

③ 심고(心告)

④ 주문(呪文) : 105회 묵송(21字)

⑤ 심고(心告)

⑥ 폐식(閉式)

7. 제복식(除服式)

환원 후 105일 오후 9시를 기하여 다음과 같은 순서로 한다.

① 재계(齋戒)

② 청수봉전(淸水奉奠)

③ 제복(除服)

④ 식사(式辭)

⑤ 심고(心告)

⑥ 주문(呪文) : 21회 묵송(21字)

⑦ 추도사(追悼辭)

⑧ 심고(心告)

⑨ 폐식(閉式)

옛 풍습에 따른 제사는 문중의 종손(宗孫)이 5대봉사(五代奉祀)까지 받들어 왔지만 오늘날은 조부모와 부모의 2대 봉사와 그리고 후손이 없는 3촌 이내의 존속 또는 비속의 친족만을 받들도록 하였다. 일년에 한 번 맞이하는 기일에는 각자의 형편에 따라서 제수를 마련하고 조상에 감사하는 마음으로 정성을 다해서 제사를 지내는 것은 자손된 도리일 것이다.

1 제사(祭祀)의 종류

제사의 종류로는 지금은 거의 지내지 않게 된 종묘(宗廟) 시제(時祭)와 다례(茶禮)에 속하는 정월 초하루날에 대신 떡국을 올리는 연시제(年始祭) 및 햇곡으로 차린 추석절사(秋夕節祀), 작고(作故)한 날에 지내는 기제(忌祭), 한식(寒食)날과 음력 시월의 시제로서 묘소에서 지내는 묘제(墓祭)와 앞에서도 나온 제사로서 상중(喪中)의 우제(虞祭), 소기(小忌), 대기(大忌), 담제(禫祭) 등이 있다.

2 지 방(紙榜)

　제사를 지낼 때의 신위(神位)는 고인의 사진이나 지방(紙榜)으로 한다. 지방은 길이 22센티 폭 6센티 정도이다.

　이 때 지방에 쓰는 고(考)는 사후의 부(父)를 청하며, 비(妣)는 사후의 모(母)를 칭하는 것이다. 그리고 고인이 생전에 관직이 있었으면 학생(學生)이 아닌 관작(官爵)을 쓴다. 이에 따라 부인의 호칭도 달리 쓴다.

　양위(兩位)의 행사(行祀)는 합설(合設)을 원칙으로 하며 이에 따라 양위의 지방도 한 백지에 나란히 쓴다.

　옛날에는 사진이 없어 부모의 생각 끝에 글씨로 표시했다. 그래서 규격도 세로 12촌, 가로 4촌으로 했는데 이유는 1년은 12달이요 4계절이라는 의미에서였고 글씨는 가늘게 써야 한다. 이유는 부모를 생각하면 눈앞에 나타나고 생각하지 않으면 나타나지 않기 때문이다. 지금은 사진이 있으니 사진을 모시고 지내면 제일 좋다.

◉ 각종 지방(紙榜) 쓰는 법

[고조부모(高祖父母)]

顯高祖考學生府君 神位
_{현고조고학생부군 신위}

顯高祖妣孺人淸州韓氏 神位
_{현고조비유인청주한씨 신위}

[증조부모(曾祖父母)]

顯曾祖考學生府君 神位
_{현증조고학생부군 신위}

顯曾祖妣孺人安東金氏 神位
_{현증조비유인안동김씨 신위}

[조부모(祖父母)]

顯祖考學生府君神位

顯祖妣孺人金海金氏神位

[부모(父母)]

顯考學生府君神位

顯妣孺人全州李氏神位

[백부모(伯父母)]

顯伯父 學生府君 神位
顯伯母 孺人海州崔氏 神位

[숙부모(叔父母)]

顯叔父 學生府君 神位
顯叔母 孺人全州李氏 神位

顯兄嫂 孺人順天金氏 神位

顯兄 學生府君 神位

[남편(男便)]

顯^현辟^벽學^학生^생府^부君^군 神^신位^위

[처(妻)]

亡^망室^실孺^유人^인慶^경州^주金^김氏^씨 神^신位^위

[제(弟)]

亡 망
弟 제
學 학
生 생
(이름)
神 신
位 위

[자식(子息)]

亡 망
子 자
學 학
生 생
(이름)
之 지
靈 령

3 축문(祝文)

축문은 대개 한문으로 쓰나 지금은 한글로도 쓴다. 그 내용은 간소한 제사지만 제위(祭位)에서 흠향(歆饗)하시라고 고하는 글이다.

◉ 출주고사(出主告辭 : 사당에서 신주를 모셔 내올 때 읽는 축문)

今以 顯考某官府君 遠諱之辰

敢請 神主出就 正寢

[해설] 돌아가신 날이 왔으므로 신주(神主)가 나오셔서 정침(正寢 : 제사를 지내는 몸채의 방)에 나가시기를 감히 청하옵니다.

◉ 조부모(祖父母)의 기제 축문

維歲次干支 某月干支朔 某日干支

孝孫 某 敢昭告于 懸祖考

某官府君 顯祖妣 某封某氏 歲序遷易

懸祖考[조모(祖母)는 조비(祖妣)] 諱日復臨

追遠感時 不勝永慕

謹以 淸酌庶羞 恭伸奠獻 尙 饗

[해설] 효손 ○○는 감히 아뢰옵니다. 해가 바뀌어 할아버지 돌아가신 날을 다시 맞게 되어 영원토록 사모하는 마음을 이기지 못하겠나이다. 술과 여러 가지 음식을 올리오니 흠향하소서.

● 부모(父母)의 기제 축문

維歲次干支 某月干支朔 某日干支

孝子 某 敢昭告于

顯考某官(學生) 府君

顯妣某封(孺人) 某氏 歲序遷易

顯考[어머니 忌祭日이면 顯妣孺人○○(貴) 某氏]

<ruby>諱日復臨<rt>휘일부림</rt></ruby> <ruby>追遠感時<rt>추원감시</rt></ruby> <ruby>昊天罔極<rt>호천망극</rt></ruby>

諱日復臨 追遠感時 昊天罔極

謹以 淸酌庶羞 恭伸奠獻 尙 饗

[해설] 조부모의 기제 축문의 뜻과 같다. 다만 불승영모(不勝永慕) 대신에
호천망극(昊天罔極)이라 쓴다.

[참고] 호천망극(昊天罔極) : 은혜가 하늘과 같이 크고 넓어서 다함이 없다
는 뜻이다.

◉ 남편(男便)의 기제 축문

維歲次干支 某月干支朔 某日干支

主婦 某 敢昭告于

顯辟某官 府君

歲序遷易 諱日復臨

追遠感時 不勝感愴

근 이　청 작 서 수　공 신 전 헌　상　향
謹以 淸酌庶羞 恭伸奠獻 尙 饗

[해설] 조부모의 기제 축문의 뜻과 같다.

[참고] 불승감창(不勝感愴) : 슬픈 마음을 이기지 못한다는 뜻이다.

◉ 아내(妻)의 기제 축문

유 세 차 간 지　모 월 간 지 삭　모 일 간 지
維歲次干支 某月干支朔 某日干支

부 모　감 소 고 우　망 실 모 봉 모 씨
夫某 敢昭告于 亡室某封某氏

세 서 천 역　망 일 부 지
歲序遷易 亡日復至

비 도 산 고　불 자 승 감
悲悼酸苦 不自勝感

자 이　청 작 서 수　신 차 전 의　상　향
玆以 淸酌庶羞 伸此奠儀 尙 饗

[해설] 조부모의 기제 축문의 뜻과 같다.

[참고] 망일부지(亡日復至) : 죽은 날이 돌아왔다는 뜻이다.

　　　불자승감(不自勝感) : 스스로 느낌을 이기지 못한다는 뜻이다.

　　　비도산고(不自勝感) : 슬프고 괴롭다는 뜻이다.

◉ 형(兄)의 기제 축문

유 세 차 간 지　모 월 간 지 삭　모 일 간 지
維歲次干支 某月干支朔 某日干支

제 모　감 소 고 우
弟某 敢昭告于

현 형 학 생 부 군　세 서 천 역
顯兄學生府君 歲序遷易

휘 일 부 림 정 하　비 통
諱日復臨情何 悲痛

근 이　청 작 서 수　공 신 전 헌　상　향
謹以 淸酌庶羞 恭伸奠獻 尙 饗

[해설] 아우 ○○는 아뢰오니 세월이 흘러 형님의 제삿날이 다시 돌아오니 형제지간의 정리로 비통한 마음 한량없습니다. 이제 맑은 술과 음식을 차려 올리니 흠향하소서.

◉ 아우(弟)의 기제 축문

유 세 차 간 지　모 월 간 지 삭　모 일 간 지
維歲次干支 某月干支朔 某日干支

망 제 모　형　소 고 우
亡弟某 兄 昭告于

세 서 천 역　망 일 부 지　정 하 가 처
歲序遷易 亡日復至 情何可處

자 이　청 작　진 차 전 의　상　향
茲以　淸酌　陳此奠儀　尙　饗

[해설] 세월이 흘러서 아우의 죽은 날이 다시 돌아오니 형제지간의 정을 어찌할 바를 모르겠네. 이제 맑은 술과 음식을 차려 놓았으니 흠감하여 주게.

◉ 아들(子)의 기제 축문

유 세 차 간 지　모 월 간 지 삭　모 일 간 지
維歲次干支　某月干支朔　某日干支

망　자 모　부　고 우
亡　子某　父　告于

세 서 천 역　망 일 부 지　심 훼 비 념
歲序遷易　亡日復至　心毀悲念

자 이　청 작　진 차 전 의　상　향
茲以　淸酌　陳此奠儀　尙　饗

[해설] 너의 제삿날을 다시 맞으니 아비의 마음은 불타는 것 같고 비통한 마음 한량없어 이에 맑은 술을 차렸으니 흠감하여라.

◉ 1년 탈상(脫喪) 때의 축문

유 세 차 간 지　모 월 간 지 삭　모 일 간 지
維歲次干支　某月干支朔　某日干支

효 자 모　감 소 고 우
孝子某　敢昭告于

현 고　학 생 부 군　일 월 불 거　엄 급 기 상
顯考　學生府君　日月不居　奄及朞祥

숙 흥 야 처　애 모 불 녕　삼 년 봉 상
夙興夜處　哀慕不寧　三年奉喪

어 례 지 당　사 세 불 체　혼 귀 분 묘
於禮至當　事勢不逮　魂歸墳墓

근 이　청 작 서 수　애 천 상 사　상　향
謹以　淸酌庶羞　哀薦祥事　尙　饗

[해설] 모년 모일 효자 아무개는 감히 고하나이다. 아버지 돌아가신 지 1년이 되었습니다. 사모하는 마음 이기지 못하여 3년을 모셔야 하오나 시속에 따라 혼을 분묘로 돌아가시기를 바라며 이제 맑은 술과 음식으로 공손히 전을 드리오니 흠향하시옵소서.

[참고] 백일에 탈상 할 때는 엄급백상(奄及百祥), 화장시에는 혼귀분묘(魂歸墳墓)를 혼귀선경(魂歸仙境)이라 한다.

● 묘제(墓祭) 축문

유 세 차 간 지　모 월 간 지 삭　모 일 간 지
維歲次干支 某月干支朔 某日干支

기　　　대 손　　　　　감 소 고 우
幾(몇대) 代孫(이름) 敢昭告于

현 모 대 조 고　모 관 부 군 지 묘　기 서 유 역
顯某代祖考 某官府君之墓 氣序流易

상 로 기 강　첨 소 봉 영　불 승 감 모
霜露旣降 瞻掃封塋 不勝感慕

근 이　청 작 서 수　지 천 세 사　상　향
謹以 淸酌庶羞 祗薦歲事 尙 饗

[해설] 연월일 몇 대 손 모는 몇 대 할아버지 묘소에 감히 고하나이다. 절
후(節侯)가 바뀌어 이미 서리가 내렸기에 봉분을 쳐다보고 그리워
하는 마음을 이기지 못하겠습니다. 삼가 맑은 술과 여러 가지 음식
으로 세사(歲事)를 올리오니 흠향하소서.

[참고] 상로기강(霜露旣降)을 정월에는 세율기경(歲律旣更), 단오에는 시물
창무(時物暢茂), 추석에는 노기강(露旣降), 10월에는 상로기강(霜露旣
降)이라 쓴다.

◉ 묘제(墓祭)시 토지 축문(土地 祝文)

유 세 차 간 지　모 월 간 지 삭　모 일 간 지
維歲次干支 某月干支朔 某日干支

유 학 모　감 소 고 우
幼學某 敢昭告于

토 지 지 신　　　　　　공 수 세 사 우
土地之神(제주이름) 恭修歲祀于

현 기 대 조 고　모 관 부 군 지 묘　유 시 보 우
顯幾代祖考 某官府君之墓 維時保佑

실 뢰 신 휴　감 이 주 찬　경 신 전 헌　상　향
實賴神休 敢以酒饌 敬神奠獻 尚 饗

[해설] 토지신에게 아뢰옵니다. 세사를 ○○벼슬한 어른의 묘에 올립니다.
항상 보호하여 주신 은덕을 입었사오니 감히 술과 음식을 올립니다.

◉ 개사초(改莎草) 전 고사(告辭)

유 세 차 간 지　모 월 간 지 삭　모 일 간 지
維歲次干支 某月干支朔 某日干支

효 자 모　감 소 고 우
孝子 某 敢昭告于

현 고　학 생 부 군　유 인 김 해 김 씨　지 묘
顯考 學生府君(孺人金海金氏)之墓

세 월 자 구 초 쇠 토 비　금 이 길 신
歲月玆久草衰土圮 今以吉辰

익 봉 개 사　복 유 존 령　불 진 불 경
益封改莎 伏惟尊靈 不震不驚

근 이　주 과 용 신　건 고 근 고
謹以 酒果用伸 虔告謹告

[해설] 효자 ○○는 감히 아버님의 묘소에 아뢰옵니다. 세월이 흘러 오래되어 풀도 없어지고 흙도 무너져서 이제 봉분을 더하고 떼를 다시 입히겠사오니 존령은 떨지 마시고 놀라지도 마소서. 이제 주과를 펴놓고 고하나이다.

◉ 개사초(改莎草) 전 토지축문(土地祝文)

유 세 차 간 지　모 월 간 지 삭　모 일 간 지
維歲次干支 某月干支朔 某日干支

유 학 모　감 소 고 우　토 지 지 신
幼學某 敢昭告于 土地之神

금 위 모 관　모 공 지 묘　총 택 붕 퇴
今爲某官 某公之墓 塚宅崩頹

장 가 수 치　신 기 보 우　비 무 후 간
將加修治 神其保佑 俾無後艱

근 이　주 과 지 천 우 신　상　향
謹以 酒果祇薦于神 尚 饗

[해설] ㅇㅇ는 감히 토지신에게 아뢰옵니다. ㅇㅇ공(公)의 무덤이 허물어
지고 퇴락하여 보수하오니 신께서는 보호하여 후에 근심이 없게 하
여 주소서. 삼가 주과로 신께 천신하오니 흠향하소서.

◉ 개사초(改莎草) 후 위안(慰安) 축문

유 세 차 간 지　모 월 간 지 삭　모 일 간 지
維歲次干支　某月干支朔　某日干支

효 자 　 모 　 감 소 고 우
孝子　某　敢昭告于

현 고 모 관 　 부 군 지 묘 　 기 봉 기 사
顯考某官　府君之墓　旣封旣莎

구 택 유 신 　 복 유 존 령 　 영 세 시 령
舊宅維新　伏惟尊靈　永世是靈

근 이 　 주 과 용 신 　 건 고 근 고
謹以　酒果用伸　虔告謹告

[해설] 효자 ㅇㅇ는 아버님께 아뢰옵니다. 이미 봉분이 되었고 잔디를 입
혔으니 옛집이 새로이 되었습니다. 존령께서는 오래도록 평안하소
서.

◉ 석물(石物)을 나중에 세울 때의 축문

유 세 차 간 지　모 월 간 지 삭　모 일 간 지
維歲次干支 某月干支朔 某日干支

효 자 모 감 소 고 우
孝子 某 敢昭告于

현 고 모 관 부 군 지 묘 복 이 석 행 양 봉
顯考某官 府君之墓 伏以 昔行襄奉

의 물 다 궐 금 지 유 년 근 구 모 물
儀物多闕 今至有年 謹具某物

용 위 묘 도 복 유 존 령 시 빙 시 안
用衛墓道 伏惟 尊靈 是憑是安

[해설] 효자 ○○는 감히 돌아가신 아버님께 아뢰옵니다. 이곳에 장사는 지냈어도 마땅한 의물을 빠뜨려, 여러 해가 지난 지금에 풍년이 들어 삼가 석물을 갖추고 산소의 도를 호위하오니 존령께서 여기에 의지하여 평안하소서.

[참고] 근구모물(謹具某物) : 비지(碑誌)·상석(床石)·망주(望柱)·석인(石人) 등을 갖출 때에 따라서 고쳐 쓴다.

◉ 석물(石物)을 세운 후 토지축문(土地祝文)

유 세 차 간 지　모 월 간 지 삭　모 일 간 지
維歲次干支 某月干支朔 某日干支

유 학 모　감 소 고 우
幼學某 敢昭告于

토 지 지 신　금 위 모 관 부 군　묘 의 미 구
土地之神 今爲某官府君 墓儀未具

자 장 모 물　용 위 신 도　신 기 보 우
玆將某物 用衛神道 神其保佑

우 무 후 간　근 이　주 과 지 천 우 신　상　향
佑無後艱 謹以 酒果祗薦于神 尙 饗

[해설] ○○는 감히 토지신께 아뢰옵니다. 지금까지 묘의를 갖추지 못했다가 모물로 신도를 조위케 하였으므로 신께서는 후환이 없도록 보호하소서. 삼가 술과 과일을 천신하오니 신께서는 흠향하소서.

4 제수(祭需)

제수(祭需)란 제사에 쓰이는 여러가지 재물을 말한다. 각 지방의 관습이나 집안의 형편에 따라 다른 점이 있지만 조상들이 지켜온 제수이니 격식에 준하여 정성껏 준비해야 한다.

❶ 재물을 살펴보면 다음과 같다.

① 메(밥) ② 삼탕(三湯 : 소탕, 육탕, 어탕) ③ 삼적(소적, 육적, 어적) ④ 채소(菜蔬 : 삼색나물, 즉 콩나물, 숙주나물, 무나물) ⑤ 침체(沈菜 : 동치미) ⑥ 청장(淸醬) ⑦ 청밀(淸密 : 꿀, 조청) ⑧ 편(餠 : 백편) ⑨ 포(脯 : 북어, 건대구, 건문어, 건전복, 건상어, 암치, 오징어, 육포) ⑩ 유과류(油果類), 산자(饊子), 채소강정(菜蔬糠精) ⑪ 당속류(糖屬類 : 옥춘, 송화, 흑임자) ⑫ 전과(煎果 : 빙당, 매화당, 각당) ⑬ 다식(茶食 : 녹말, 송화, 흑임자) ⑭ 전과(煎果 : 연근, 생강, 유자) ⑮ 실과(實果 : 생실과, 숙실과) ⑯ 제주(祭酒 : 청주) ⑰ 경수(更水 : 숭늉) ⑱ 시접(匕楪 : 수저와 대접) ⑲ 모사(茅沙) ⑳ 위패(位牌) ㉑ 향로와 촛대로서, 5탕 5적으로 할 때에는 소, 육, 어, 봉, 잡탕의 5탕 및 소, 육, 어, 봉, 채소식의 5적으로 하고 나물도 5색으로 갖추는 법이다. 그리고 제수(祭需) 음식 장만을 할 때는 고춧가루와 마늘을 쓰지 않는다. 집안 형편에 따라서는 기본이 되는 제물 외에도 각종 유밀과, 정과, 요리 등을 즐비하게 진설하기도 하지만, 너무 형식에 끌려 허례를 차릴 필요는 없다.

제물의 진설이 끝나면 곧 지방을 써 붙이고 향로에 향불을 피움으로써 기제는 시작되는 것이다.

행사(行使)의 순서는 강신(降神)으로부터 시작이 되는데 지방(紙榜)이나 신주(神主)의 신의를 모실 경우에는 참신(參神)으로부터 행사가 시작되는 것이다.

❷ 향, 창호지가 상제(喪祭)에 쓰이는 유례

원래 향불에 쓰는 향나무는 개나 닭소리를 듣지 못하는 깊은 산중의 것으로 사용했다. 왜냐하면 그 만큼 정성을 말했던 것이고, 향을 피우게 된 원인은 시체의 방을 향기롭게 향을 피우던 것이 지금은 말하기를 향불의 연기를 타고 영혼은 하늘로 오른다는 말이 있다. 만사향은 연기가 많이 나고 냄새가 좋고 오래가게 하기 위하여 제조한 것이다. 사용해도 좋고 아니해도 무방하다.

❸ 제상(祭床) 진설에 꼭 필요한 제물

제사에는 아무리 없는 사람도 대추·밤·감·배·북어·조기를 산다. 우어·좌육·좌포·우해탕은 없어도, 대추·밤·감이 없으면 제사가 아니라는 말도 있다. 우리나라의 대표적인 과일이기에 놓은 것인지 아니면 씨가 1개라 1왕으로 모시고, 밤은 한 송이에 3개의 씨가 들어 있어 3정승으로 모시고 감은 8개의 씨가 들어 있어 8도 감사로 생각하고 놓았다. 이러한 의미에서 놓은 것이라면 필요한 것 없다.

◉ 감 : 감나무는 아무리 커도 열매가 한번도 열리지 않은 나무를 꺾어 보면 속에 검은 신이 없고, 열린 나무를 꺾어 보면 검은 신이 있다. 그러므로 나의 부모는 나를 낳으시고 기르시느라 그만큼 속이 상하셨다하여 부모를 생각하여 놓았다.

◉ 밤 : 밤나무 꽃밭에 가서 냄새를 맡으면 유아를 기르는 어머님의 품에서 나는 냄새와 같다(밤나무 꿀은 쓰기 때문에 약이 된다). 그리고 유아가 성장할수록 부모는 밤가시처럼 차츰 억세였다가 이제는 품안에서 나가 살아라하며 쩍 벌려주어 독립생활을 시키니 부모를 생각하여 밤을 놓는다.

◉ 대추 : 대추는 꽃이 음력 7월 복중에 피었다가 추석에 먹는 것이요, 과일 중에서 열매 결실이 가장 빠른 것이다. 그러므로 결혼은 늦게 해도 자식만은 일찍 두라는 의미에서 놓는다.

◉ 명태 : 제일 많이 사용되는 것이 명태다. 그 이유는 우리나라 동해바다의

대표적인 고기요, 머리도 크고 알이 많아 훌륭한 아들 많이 두고
알과 같이 부자가 되게 해 달라는 유래인 것이다.

- ◉ 조기 : 조기 역시 서해바다에서 대표이기에 사용되어 왔다.
- ◉ 배 : 배는 자식을 두어도 서글서글한 아들을 두라는 뜻이다. 지금도 입가
  심으로 많이 쓰인다.
- ◉ 사과 : 사과는 옛날에는 우리나라에 없었다. 새로운 과일이기에 놓았다.

④ 제사음식 조리법

- ◉ 술 : 제주라고 하며 청주를 사용하나 탁주를 대신하기도 한다. 술병 혹은
  주전자에 미리 담아두며 부족하지 않도록 한다.
- ◉ 메 : 제사밥을 말한다. 미리 밥을 하지 않고 제사 직전에 새로 지어 올린
  다. 밥식기에 뜨거운 밥을 담고 뚜껑을 덮는다.
- ◉ 갱 : 국을 말한다. 탕을 만든 뒤 탕국물로 대신하기도 한다. 역시 제사 직
  전에 새로 만들어 국식기에 담는다.
- ◉ 면 : 면은 국물은 쓰지 않고 건더기만을 쓰며 식기에 담기도 하고 대접에
  담아 쓰기도 한다.
- ◉ 편 : 흰떡, 꿀떡, 인절미 등 멥쌀과 찹쌀을 이용한 떡을 쓴다. 4각이 뚜렷
  하도록 썰어서 오봉 혹은 목기에 담는다.
- ◉ 청 : 청은 꿀 혹은 조총이나 설탕 등 떡을 찍어 먹을 수 있는 당류를 말한
  다. 설탕은 접시에 그 외는 종지에 담는다.
- ◉ 포 : 육포, 어포, 문어, 북어, 오징어포 등을 쓰며 머리 부분은 잘라내고
  큰 접시에 담아 쓴다.
- ◉ 전 : 소고기 등을 잘 다져서 밀가루에 함께 반죽하여 부친다. 접시에 담
  는다.

◉ 혜 : 식혜는 제사의 기본 음식이며 제사상에 올리는 식혜는 식혜밥만을
   쓴다. 식기에 담아 올린다.

◉ 적 : 육적은 소고기 돼지고기 등을 손바닥 정도의 크기로 썰어 두세 쪽을
   대나무 등으로 꿰어 구어 올린다. 어적은 생선이나 조개류를 재료로
   하여 통째로 구어 올린다. 적은 모두 접시에 담아 올린다. 소적은 두
   부 혹은 채소를 재료로 하여 기름에 부쳐 접시에 담아 올린다.

◉ 탕 : 육탕은 소고기, 돼지고기, 닭고기 등을 재료로 하여 무우, 두부 등과
   함께 끓인 다음 탕기에 담든다. 어탕은 생선이나 조개류를 재료로 하
   여 육탕과 같이 올린다. 소탕은 두부와 채소를 재료로 한다. 탕은 건
   더기만을 사용한다.

◉ 찬 : 침채(동치미)는 보시기에 담아 올리고, 청장(간장)은 종지에 담는다.

◉ 소채 : 고사리는 간장과 양념으로 조미하여 볶기도 하고 끓이기도 하며
   보시기에 담아 올리며 건더기만 쓴다. 콩나물은 간장 및 양념으로
   조미하여 접시에 담아 올린다. 무나물은 채를 내어 참기름으로 볶아
   간장과 양념으로 조미하여 담는다. 도라지는 참기름으로 볶아 간장
   과 양념으로 조미하여 담는다.

◉ 과일 : 대추, 밤, 호두 등을 접시에 괸다. 사과, 배, 감 등 생과일은 껍질을
   벗긴 다음 목기 혹은 접시에 괸다.

◉ 조과 : 다식류인 녹말, 송화, 흑임자, 다식 등으로 조과류 중 제일 먼저 쓴다.
   강정류인 깨강정, 계피강정 등을 4각이 뚜렷하게 썰어 쓰고 유과류
   인 빈사과 제반영사 등을 접시에 담아 쓴다.

❺ 진설의 여러 가지 격식

제사 지내는 사람이 향해서 오른편을 동(東)이라 하고, 왼편을 서(西)라 한다. 이것은 좀더 구체적으로 설명하면 다음과 같다.

◉ 좌포우혜(左脯右醢) : 포는 왼편에 식혜는 오른편에 놓는다.

◉ 어동육서(魚東肉西) : 어류는 동쪽에 놓고 육류는 서쪽에 놓는다.

◉ 두동미서(頭東尾西) : 머리는 동쪽을 향하고 꼬리는 서쪽을 향하여 놓는다.

◉ 홍동백서(紅東白西) : 색깔이 붉은 과일이나 조과의 붉은 색과 동쪽으로 놓고 흰색은 서쪽으로 놓는다.

◉ 조율이시(棗栗梨柿) : 서쪽에서부터 대추, 밤, 배, 감 순으로 놓는다. 그 외의 과일은 순서가 없다.

① 강신(降神)

신위께서 강림(降臨)하시어 음식을 드시도록 청하는 뜻으로 제주(祭主)를 위시하여 모든 참사자(參祀者)가 신위 앞에 선 다음 제주는 꿇어 앉아 분향하고 잔이 차지 않게 따른 술잔을 우집사(右執事 : 대개 제주의 子姪이 함)로부터 받아서 모사에 세 번으로 나누어 부운 후에 빈 잔은 우집사에게 건네주고 일어나서 재배한다.

② 참신(參神)

참신은 강신을 마친 후에 제주 이하 일동이 일제히 신위를 향하여 재배한다. 이때 여자는 4배를 한다. 신주(神主)를 모시고 올리는 제사인 경우에는 참신을 먼저 하고 지방(紙榜)인 경우에는 강신을 먼저 한다.

③ 초헌(初獻)

제주는 강신 때와 같이 꿇어 앉아 분향한 후 좌집사로부터 받은 잔에 우집사가 술을 가득히 부어 주면 오른손으로 잔을 들어 모사에 조금씩 세 번에 기울여 부은 뒤에 양손으로 받들어 집사에게 준다. 집사는 이를 받들어 먼저 고위(考位)앞에 올린다. 다음으로 비위(妣位)앞에 올리는 잔은 모사에 기울이지 아니하고 그대로 받아서 올리고 저를 고른 후에 재배하다.

④ 독축(讀祝)

축문 읽는 것을 독축이라 하며 초헌 후에 일동이 꿇어앉으면 제주 옆에 앉은 축관이 천천히 그러나 크게 축문을 읽는다. 다 읽고나면 일동은 기립하여 재배한다. 독축은 초헌에 한한다.

⑤ 아헌(亞獻)

둘째 번 잔을 올리는 것을 아헌이라 하며 주부(주부는 재배가 아닌 4배)가 올리는 것이 관례이나 제주 다음은 근친자가 초헌과 같은 순서에 따라 올릴 수도 있다.

⑥ 종헌(終獻)

아헌자 다음가는 근친자가 끝잔으로 올리는 것을 종헌이라고 하는데, 아헌자는 잔을 받아서 초헌 때와 같이 모사에 세 번 기울였다가 올린다.

⑦ 첨작(添酌)

　초헌자가 신위 앞에 꿇어 앉아 우집사가 새로운 술잔에 술을 조금 따라주면 받아서 좌집사에게 준다. 좌집사는 이것을 받아, 종헌자가 종헌때 모사에다 기울였기 때문에 차지 않은 잔에 세 번으로 첨작하고 재배한다. 첨작을 유식(侑食)이라고 한다.

⑧ 계반삽시(啓飯揷匙)

　메 그릇의 뚜껑을 열어 놓고 수저를 꽂는 것으로서 이때 수저 바닥이 동쪽(신위를 향해선 제주의 오른쪽)으로 가게 하여 꽂는다.

⑨ 합문(闔門)

합문이란 참사자 일동이 강림하신 신위께서 진설한 제주 음식을 흠향하시도록 한다는 뜻으로 방에서 나온 후 문을 닫는 것을 말하는데, 대청에서 제사를 지내는 경우에는 뜰아래로 내려와 조용히 기다린다.

⑩ 개문(開門)

개문이란 문을 여는 것을 말하는데 제주는 문을 열기 전에 우선 기침을 세 번하고 난 후에 문을 열고 들어간다.

⑪ 헌다(獻茶)

숭늉을 갱과 바꾸어 올린 다음 수저로 메를 조금씩 세 번 말아놓고 저(箸)를
고르고 난 후에 참사자 일동은 잠시 읍(揖)한 자세로 있다가 제주의 기침 소리
에 따라서 고개를 든다.

⑫ 철시복반(撤匙復飯)

철시복반이란 숭늉 그릇에 놓인 수저를 거둔 다음 메 그릇의 뚜껑을 닫는
것을 말한다.

⑬ **사신(辭神)**

참사자 일동은 재배한 다음 신주는 본래의 사당으로 모시고 지방과 축문은 불사른다. 즉 신위와 작별하는 것이다.

⑭ **철상(撤床)** 모든 제수를 물리는 것을 철상이라 하며 제수는 뒤쪽에서부터 물린다.

⑮ **음복(飮福)**

음복이란 조상께서 주시는 복된 음식이라는 뜻으로 받아들이고 제사가 끝나는 대로 참사가와 가족이 모여서 함께 먹을 뿐만 아니라 이웃에 나누어주기도 하고 또 이웃어른들을 모셔다가 대접도 한다.

◉ **제상 (제상) 차리는법 (양위분일때)**

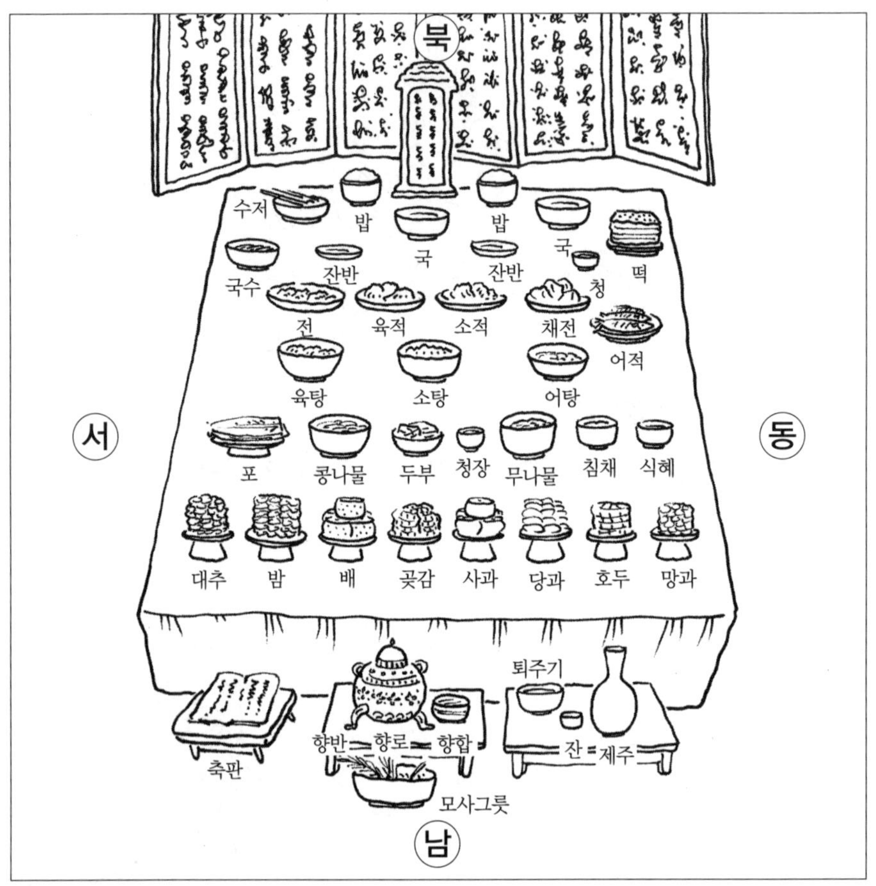

○ **조율이시**(棗栗梨柿) : 진설자의 왼편으로부터 대추, 밤, 배, 감의 순서로 진설하고 다음에 호두 혹은 망과류, 조과류(다식, 산자, 약과)등을 차례로 진설한다.(홍동백서와 모순점이 있으나 가문에 따라서는 오른쪽(동쪽)에서부터 놓기도 한다.)

○ **홍동백서**(紅東白西) : 붉은색 과일은 동쪽에서부터 놓고 흰색과일은 서쪽에서부터 방향은 신위를 보고 앉은 자리에서 동쪽은 우측, 서쪽은 좌측이 된다.

◉ **차례상 차리는법 (설, 추석)**

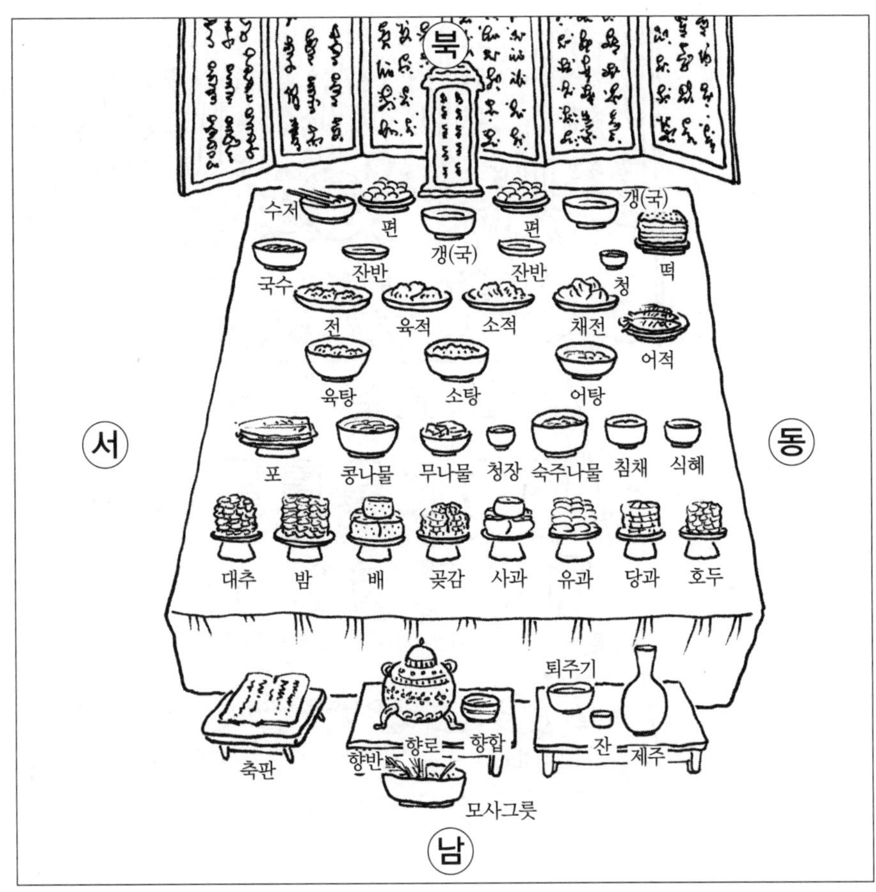

설, 추석 차례상은 제상 차리는 법과 똑같으니 제상 차리는 법을 참조한다.

설에는 떡국을, 추석에는 송편을 쓰고, 햇곡식, 햇과일을 사용한다.

수연(晬宴)상은 부모님을 접대하고 경축하는 뜻에서 차린 상이다.

실과류는 앞줄 편류는 옆줄 적등은 뒤로 놓고, 괴는 높이의 치수는 홀수로 하는데 대개 3치, 7치, 9치, 정도로 한다.

[참고] 쌀 : 부유하게 되기를 원하는 뜻

돈 : 부자가 되기를 바라는 뜻

국수 : 장수하기를 바라는 뜻

활 : 무사가 되기를 바라는 뜻

대추 : 자손이 번창하기를 바라는 뜻

붓 · 먹 · 벼루 : 명필을 바라는 뜻

책 : 공부를 잘하기 바라는 뜻

청실홍실 : 수명 장수를 바라는 뜻

祝 壽宴

一, ○○○○ (物目)
　　　年　　月　　日
　　　　　○○○ 謹呈
○○○ 氏 尊下

(당사자에게 보낼 때)

祝 儀

○○○ 氏
春堂(또는 慈堂) 壽宴詩
　　　一金　　○○원整
　　　　　年　　月　　日
　　　○○○ 謹呈

(당사자에게 보낼 때)

○○○님께

삼가 아뢰옵니다.
다름이 아니오라, 이달 ○날은
저희 아버님(또는 어머님)의 회갑
이옵기로 자식된 기쁨을 만분
의 일이라도 나타낼까 하와 변
변치 못한 자리를 마련하오니
이날 오전(또는 오후) ○시까지
저희 집으로 와 주시면 영광이
겠습니다.
　　　　년　월　일
　　　　　○○○ 올림

謹 啓
侍下에 高堂의 萬福하심을 頌
祝하옵니다.
就悚 來○月○日은 慈親(家
親)의 回甲이옵기로 子息 된 기
쁨을 萬分之一이라도 表할까하
와 壽宴을 略設하옵고 貴下를
招請하오니 掃萬하시와 當日
上(下) 年○時에 鄙家로 枉臨
하여 주신다면 다시 없는 榮光으
로 생각 하겠습니다.
　　　　년　월　일
　　　　　○○○ 올림

◉ 수연 축하 봉투

단자를 쓰지 않고 봉투만 쓸 때는 표면에 축하의 문구를 쓰고 그 아래나 또는 조금 왼편에 물목의 내용을 표시한다. 그리고 축하의 봉투는 겹봉투가 좋으며 홑봉투는 사용치 않는 것이 예의다.

祝　壽　宴

　　　○ ○ ○ 先生 宅 吉宴入納

○ ○ ○ 선생님께

삼가 수연을 축하하나이다.

　　　　　一, ○ ○ ○ (기념품명)

　　　　　　　년　월　일

　　　　　　○ ○ ○올림

친족관계   계촌도

親族關係의 系寸圖

高祖父·母
고조부·모
(형·제)
(兄·弟)
從高祖
從高祖·母
종고조·모
(四寸)
(四世)
(六寸)
曾祖父·母
증조부·모
(형·제)
(兄·弟)
從曾祖·母
종증조·모
再從曾祖母
재종증조모
(三寸)
(三世)
(五寸)
(七寸)
從祖父·母
종조부·모
(형·제)
(兄·弟)
祖父·母
조부·모
再從祖·母
재종조·모
三從祖·母
삼종조·모
(四寸)
(二寸)
(二世)
(六寸)
(八寸)
從叔(父母)
(堂叔)
종숙부·모
伯叔父·母
백숙부·모
(형·제)
(兄·弟)
父·母
아버지
어머니
再從叔·母
(再堂叔)
재종숙·모
三從叔·母
(三堂叔)
삼종숙·모
(五寸)
(三寸)
(一寸)
(一世)
(七寸)
(六寸)
再從兄·弟
姉·妹 재종
형제·자매
從兄弟姉妹
「嫂」
종형제·자매
自己夫·妻
자기부·처
三從兄弟姉
妹「嫂」 삼종
형·제자·매
四從兄弟姉
妹「嫂」 사종
형·제자·매
(六寸)
(四寸)
(八寸)
(十寸)

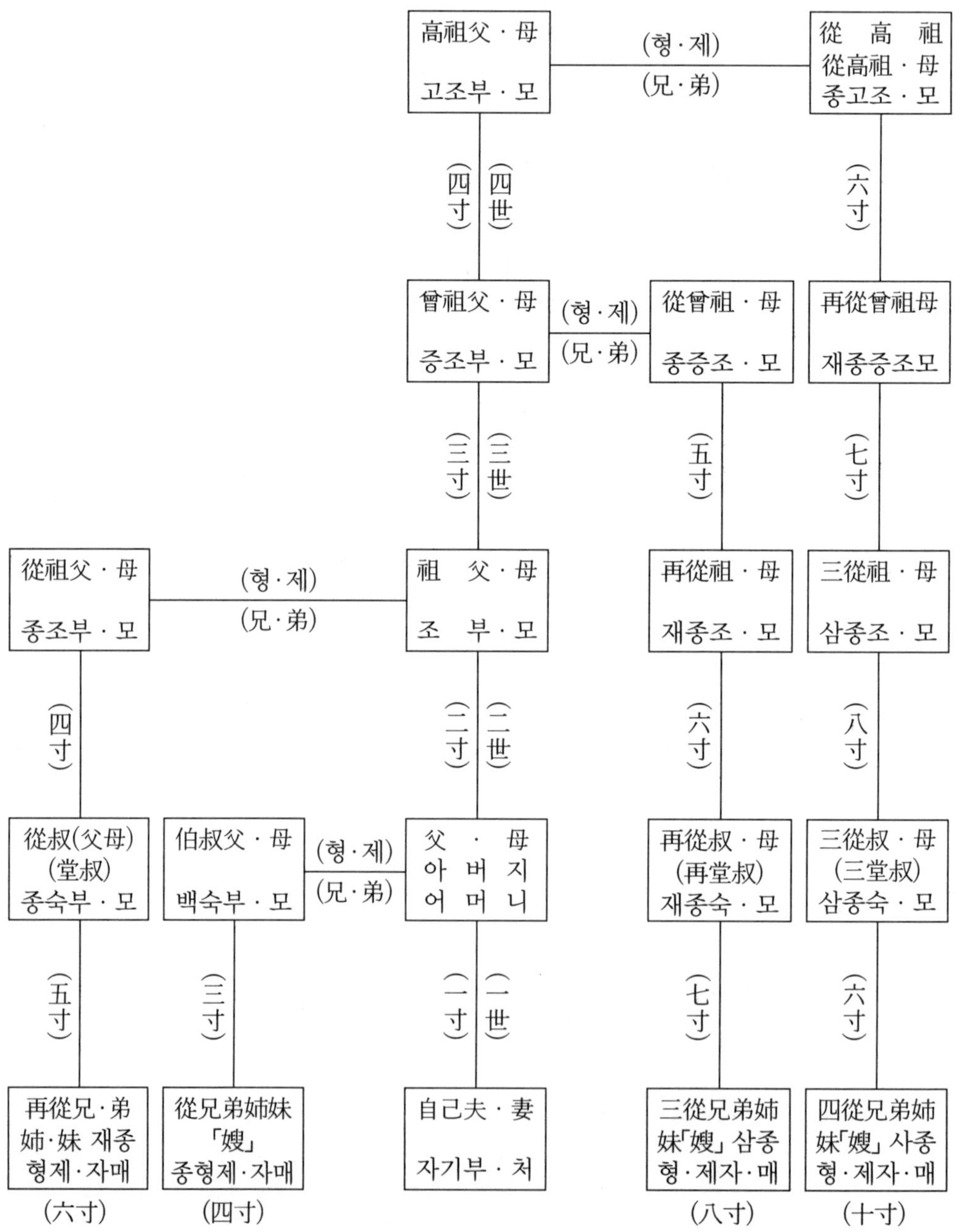

內從間의 系寸圖

(高祖) 고조
高大姑母 고대고모 (夫)
(남·매) (男·妹)
(四寸) (四世)
(六寸)
(曾祖) 증조
王大姑母 왕대고모 (夫)
(남·매) (男·妹)
(三寸) (三世)
(五寸)
大姑母·夫 대고모·부
祖父 조부
內再從祖 내재종조
(남·매) (男·妹)
(四寸)
(二寸) (二世)
(六寸)
內從叔·母 내종숙·모
姑母 고모 (夫)
(父) 아버지
內再從叔 내재종숙 (夫)
(남·매) (男·妹)
(五寸)
(三寸)
(一寸) (一世)
(七寸)
內再從兄·弟(嫂) 내재종형·제
(六寸)
內從兄·弟 내종형·제 (嫂)
(四寸)
(自己) 자기
內三從兄·弟(嫂) 내삼종형·제
(八寸)

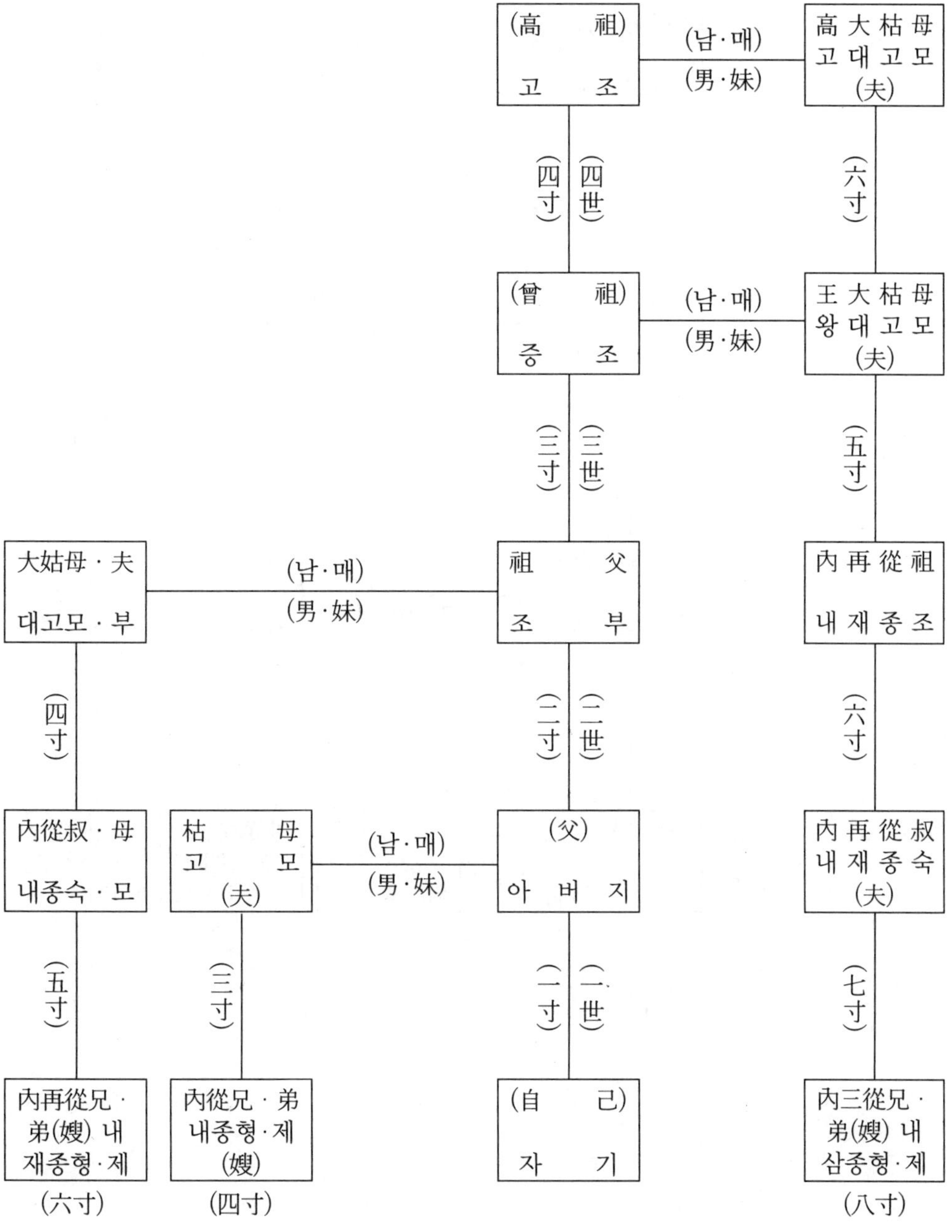

外家間의 系寸圖

外高祖·母
외고조·모
(四寸)
外曾祖·母
외증조·모
(형·제) (兄·弟)
外從曾祖 (母) 외종증조모
(三寸)
(五寸)
外祖·母
외조·모
(형·제) (兄·弟)
外從祖·母
외종조·모
外再從祖 (母) 외재종조모
(二寸)
(六寸)
姨母·夫
이모·부
(남·매) (男·妹)
(母) 어머니
(남·매) (男·妹)
外叔·母
외숙·모
外從叔·母 (母의 四寸) 외종숙·모
外再從叔 (母)母六寸 외재종숙모
(三寸)
(一寸)
(外三寸)
(外五寸)
(外七寸)
姨從兄·弟 형수(嫂) 이종형·제
(自 己) 자 기
外從兄·弟 형 수(嫂) 외종형·제
外再從兄弟 (嫂) 외재종형제
外三從兄弟 (嫂) 외삼종형제
(四寸)
(外四寸)
(外六寸)
(外八寸)

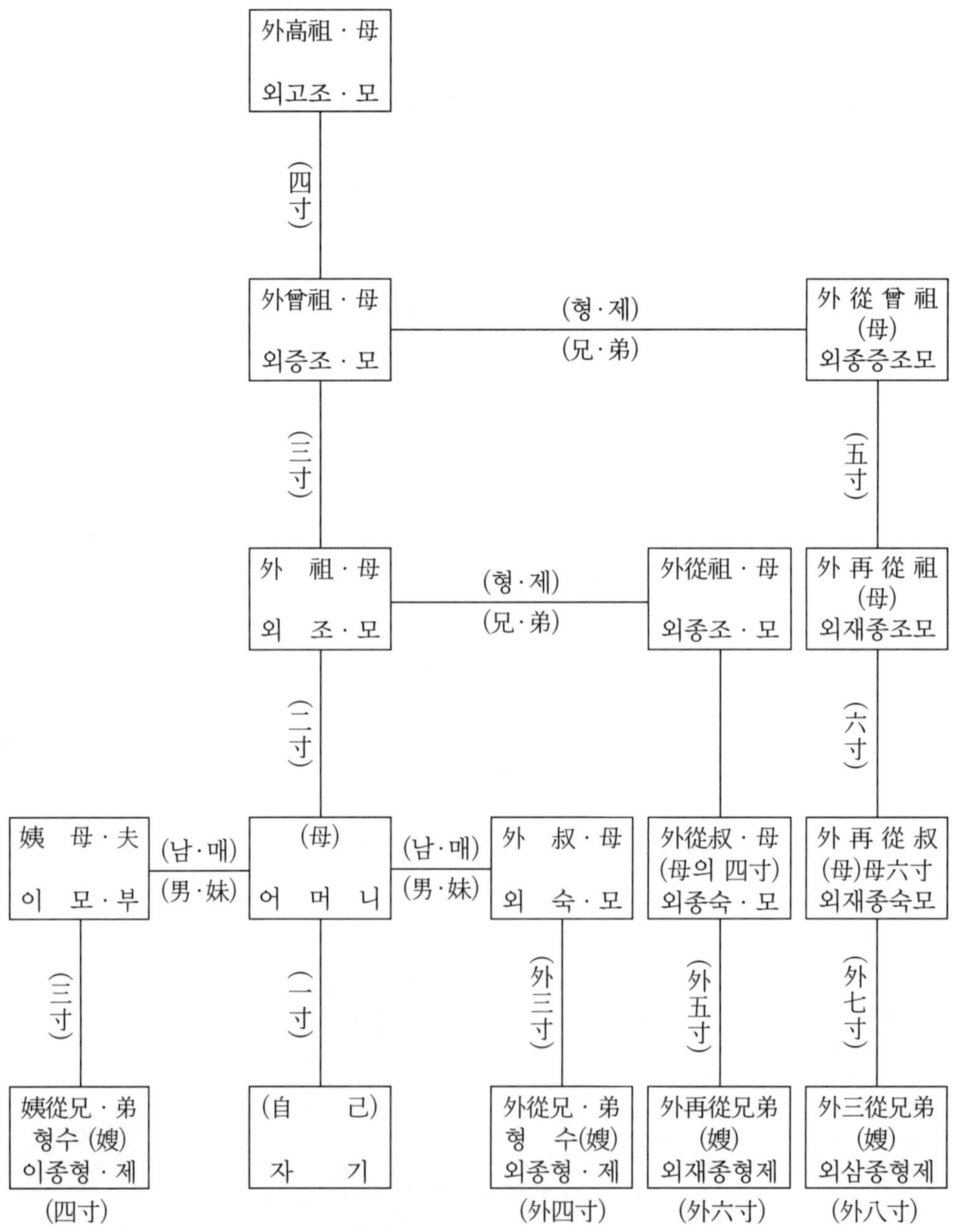

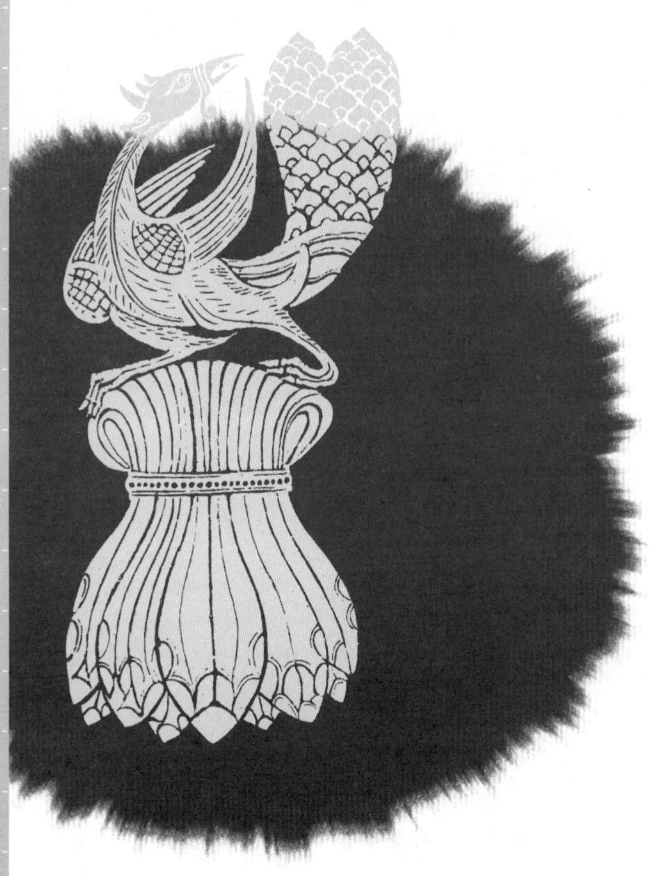

이름짓는 방법

⓵ 성명학(姓名學)의 의의(意義)

고어(古語)에 〈천불생무록지인(天不生無錄之人)과 지부장무명지초(地不長無名之草)〉라는 말이 있듯이, 이 세상 모든 존재가 다 이름을 가졌으며 더구나 「만물(萬物)의 영장(靈長)」이라 일컫는 인간에 있어서는 이름은 특히 존귀한 것으로 여겨지고 있다.

즉 그 자신을 나타내고 대표하는 것이 이름이며, 가택(家宅)에 비해 볼 때 이름은 대문(大門)과 같고, 사람의 몸에 비해 볼 때 이름은 그 의복과 같은 것이다.

아무리 집이 좋다 하여도 대문이 허술하면 그 집의 좋음은 언뜻 알기 어렵고, 반면에 대문이 훌륭해 보이면 그 집이 다소의 결함이 있더라도 첫눈에는 좋게 보이는 것이다. 또 〈옷이 날개〉란 말이 있듯이, 그 사람의 입은 옷이 훌륭하면 그 인품도 나아보이는 법이다. 이와 같이 볼 때 양명(良名 : 좋은 이름)은 인간의 가치를 높이고 운(運)을 조장시키며, 악명(惡名 : 나쁜 이름)은 그 가치를 손상시키고 운을 쇠퇴케 하는 것이다.

속담에도 〈호랑이는 죽어서 가죽을 남기고, 사람은 죽어서 이름을 남긴다〉는 말이 있다. 인생은 백년을 못 다하고 사라지지만, 이름은 남아서 후세에 전하는 것이니, 어찌 사람이 그 이름을 소홀히 취급할 수 있을 것인가.

그러기에 유가(儒家)에서는 〈명체 불리(名體不離)〉라 하였고, 불가(佛家)에서는 〈명전 기성(名詮其姓)〉을 말하며 모두 성명의 가치성(價値性)과 그 심원(深遠)함을 인정하였으며, 또 공자(孔子)도 〈선전 기명(先詮其名)〉이라 하여 이름의 중요성을 강조하였고, 주자(朱子)도 〈유명 천추(留名千秋)〉라 하였으며, 예수도 〈귀한 자녀에게 재산과 논밭을 주느니 보다 좋은 이름과 건강을 주라〉고 가르쳤으니, 옛 성인(聖人)들도 성명에 많은 관심을 보여 주었음을 알 수 있다. 이와 같이 자기의 이름을 세상에 널리 알리려는 소망은 모든 사람의 마음속에 영혼을 깃들게 하고, 또한 그의 불멸(不滅)을 확신함으로써 이 위에 더 없는 만족감을 느끼게 했던 것이다.

대체로 좋은 이름은 성공과 길운(吉運)을 가져오고, 나쁜 이름은 실패와 불행을 초래하는 것이니, 고금(古今)의 역사상 인물에서 그러한 예를 허다하게 찾아 볼 수 있다. 우리의 조상들은 본명(本名) 외에도 아명(兒名)이니 관명(冠名)이니 혹은 아호(雅號)니 하는 여러 가지 이름을 가졌으나 모두 성명학에 기초하여 중요시하였던 것이다.

성명학은 통계학적 입장에서 체계화한 것이고, 그 비결은 오랫동안의 경험에서 얻어진 것이다. 이 우주의 모든 존재가 음양(陰陽)과 오행(五行)으로써 생성(生成)하여 존재하고 있는 만큼, 성명학도 그러한 원리에서 출발한 것이다. 따라서 이름은 첫째 부르기 좋고 듣기 좋으며 그 이름에 포함되어 있는 의미가 확실하여 모호하지 않고 심원(深遠)한 가운데도 우아 고상(優雅高尙) 하며 또 웅대(雄大)하여야 함을 원칙으로 한다. 그러나 이름은 인간의 운명 전체를 지배하는 것이 아니라, 선천적 운명이 좋지 않더라도 좋은 이름으로써 그 운세를 호전(好轉)시킬 수 있다는 뜻에서 성명학의 의의가 있는 것이다.

② 성명(姓名)과 운세(運勢)

대개의 사람들은 『성명으로써 운세를 판단하는 건 미신이다』라고 비웃는 경향이 있으나, 시험적으로 친지(親知)나 유명한 인물들의 행복과 불행, 또는 성격 등을 성명학에 맞추어 보면 그 이름이 운세와 일치하는 점에서 놀랄 것이다.

어쨌든 이론이나 근거는 둘째로 치고, 우선 가까운 사람부터 점쳐보라. 그러는 사이에 자연히 흥미를 느끼게 되고, 또 자기의 이름에 대해서도 점점 관심이 깊어질 것이다. 만일, 당신의 이름이 나쁘다고 하면 곧 개명(改名)하면 된다. 관상(觀相)이나 수상(手相)은 나빠도 어찌할 수 없지만 이름은 간단히 고칠 수 있다. 호적상으로나 고치기 어려운 문제가 없지 않지만, 구태여 본명을 고치지 않더라도 아호(雅號)또는 펜네임(Pen Name)등을 근거 있게 사용한다면, 흉명(凶名)으로 인한 악운(惡運)은 차츰 사라지고, 이윽고 길운(吉運)으로 변할 것이다.

성명학의 판단은 관상이나 수상에 비해서 매우 간단하다. 즉 자획(字劃)을 세어서 그것을 자수(字數)의 길흉(吉凶)과 대조해 보면 곧 판명되므로 누구나 쉽게 감별할 수 있는 것이다. 성명학은 몇 천만의 성명을 조사하고 거기에서 확고한 법칙을 발견하여 만들어진 것이므로, 수(數)에 대한 엄숙한 신비와 운세가 뚜렷이 나타나 있는 것이다. 오늘날 개명(改名)에 의하여 운세가 좋아졌다는 실례가 얼마든지 있다. 물론 호적상의 이름을 고치지 않더라도 다른 이름을 본명(本名)처럼 사용하여도 된다는 것을 알아야 한다.

그러나 거듭 말하거니와 성명이 인간의 운세 전부를 지배하는 것은 아니지만, 양명(良名)과 악명(惡名)의 관계가 인간 처세에 중대한 영향을 주는 것은 부인할 수 없는 일이며, 선천적 조건이 좋은 사람이 좋은 이름을 가지면 금상첨화격으로 더욱 좋은 것이고, 선천적 조건이 나쁘더라도 좋은 이름으로써 악운을 극복할 수 있다는 데서 오늘날 성명학이 중요시되는 것이다.

『저렇게 건강한 사람이 설마…』라고 생각했는데 병약에 시달리게 되거나, 『글쎄 어떨까…』라고 의심되던 사람이 의외로 성공하는 예가 많은데, 이것도 따지고 보면 성명학의 원리에서 생기는 운세가 그 원인이 된 것으로 볼 수 있다.

[참고] 우리나라 호적령(戶籍令)에 의하면, 이름을 변경코자 할 때에는 그 본적
지 또는 주소지 관할 법원에 신청하여 허가를 얻도록 되어 있다. 이에는
사유(事由)가 명백해야 하는 바, 가령 친척간에 동성명(同姓名)으로 인한
폐단이 극심하다든가 호적기재 사항의 착오 따위이다.

3 성명(姓名)과 음운(音韻)

◉ 이름은 부르기 좋고 듣기 좋아야 한다.

작명(作名)의 요결은 첫째, 부르기 좋고 듣기 좋아야 하며, 그 다음에 길흉
(吉凶)을 판단한다.

음(音)은 〈선고후저(先高後低)〉보다 〈선저후고(先低後高)〉한 것이 좋고, 또
〈선청후탁(先淸後濁)〉보다 〈선탁후청(先濁後淸)〉인 편이 좋다. 즉 소리가 먼저
는 낮고 나중이 높으며, 먼저는 흐리고 나중이 맑은 것이 좋다는 뜻으로, 소
리가 순평(順平)하게 들리되 끝에 운(韻=리듬)이 있는 듯이 들려야 하는 것이
다.

음이 혼탁하고 무기력한 것은 그 사람의 기질과 인품을 흐리게 하고 무기
력하게 하는 것이니, 이는 그 이름이 인간 생활에 무형적(無形的)인 암시를 주
기 때문이다.

또 남성의 이름과 여성의 이름에 있어서도 그 리듬은 구별되어야 한다. 남
성은 대체로 장엄하고 무게가 있고, 여성은 경쾌 명랑한 느낌을 주는, 좀 극

단적 표현이지만 바위 틈에서 흘러나오는 물소리와 같이, 또는 쟁반에 구슬을 굴리는 듯한 소리와 같이 맑아야 하는 것이다. 그러나 이와 같은 것은 대체적인 이론이고, 그 사람의 기질에 어느 정도 부합시키는 것이 일반적이다.

또 음운(音韻)에 있어서 주의할 점은, 몹시 천한 인상을 주는 것과 우습게 이름을 지어 남에게 이상한 느낌을 주어서는 안된다.

우리 사회에서는 자고로 이상하고 천한 이름을 불러주면 수명이 길어진다고 하여 개똥이, 돼지, 간난이, 똘똘이 등 이름을 지어주는 경향이 적지 않았다. 그러나 이런 이름을 장성하여 출세한 예가 없으며, 사회적 지위를 가진 사람으로서 이런 이름을 가진 이는 아직 보지 못했다. 어쨌든 남이 듣기에 우스운 이름은 피해야 함을 원칙으로 한다.

4 성명(姓名)과 자의(字義)

● 알기 힘든 벽자(僻字)나 쓰기 어려운 문자는 피해야 한다.

우리 동양에서는 자고로 한문자(漢文字)의 이름을 가지고 있다. 한자는 그 글자 뜻을 가지고 있는데 문자는 언어(言語)를 대표하고 언어는 마음의 표현으로서 상징적이나 그 영향은 자못 큰바가 있다.

이러한 까닭에 작명(作名)에는 천하고 흉한 의미의 글자를 피하는 동시에 일반이 알기 힘든 벽자(僻字 : 흔히 쓰지 않는 야릇하고 까다로운 글자)나 쓰기 어려운 난자(難字) 등은 피해야 하는 것이다. 말할 것도 없이 이름은 그 자신을 대표하는 것이므로 그 이름이, 또는 성명(姓名) 전체를 통하여 그 글자의 의미가 불확실하며 요령을 얻지 못한 모호한 것이어서는 안된다.

성명의 의미는 그 사람의 인격과 풍모를 나타내는 것으로서 심원 우아(深

遠優雅)하고 웅대 호방(雄大豪放)하면서도 고상한 의미를 가져야 할 것이나, 남성의 이름이 여성적이어서는 안 되며, 여성의 이름이 남성적인 것도 좋지 않은 것이다. 그러므로 이름은 그 사람의 선천적 능력의 대소(大小)를 참작하여 강대한 능력의 소유자에게는 될 수 있는 대로 웅장한 맛이 있게 또 기질이 약한 사람에게는 그 격에 알맞은 의미의 이름을 짓도록 한다. 기질이 약한 사람에게 격에 안 맞게 과거의 유명한 역사적 인물의 이름을 그대로 지어주는 예가 가끔 있는데, 이것은 의식적으로 그러한 인물을 따르라고 암시한 것임을 알 수 있으나 그것은 옳지 않은 일이다.

자고로 〈대성(大姓)은 부재(不在)하고, 대명(大名)은 무우(無又)〉라는 말도 있거니와 역사적으로 보더라도 유명한 인물이 두 사람 있는 예가 없는 것이다. 그러므로 역사적인 유명한 인물의 이름을 따는 것은 극히 삼가야 하며, 자신의 운명을 개척할 수 있는 능력을 기르도록 하고, 그에 알맞은 이름을 지어야 한다.

5 성명(姓名)과 획수(劃數)의 이론(理論)

❶ 원(元)·형(亨)·이(利)·정(貞)으로 구분한다.

성명의 획수라 함은 성명학에서 가장 중요한 부분이니 성자(姓字)의 획수와 이름자(名字)의 획수를 계산할 경우에는 모든 글자를 해서체(楷書體)에 의해서 바르고 정확한 서체에 의한 획수를 셈해야 되는데 혹시 잘못으로 초서체(草書體)나 또는 약자(略字)로 셈하게 되면 큰 차이가 생기게 되니 정확한 획수를 모를 때에는 옥편의 활자(活字)에 의하면 정확할 것이니 특히 획수의 계산은 감정에 중요한 요소로서 1획이라도 착오가 있으면 엉뚱한 운명의 차이를 잘못 감정하게 되는 것이니 신중하고 정확한 획수를 계산하여 원(元)=지위(地位)·형(亨)=인위(人位)·이(利)=천위(天位)·정(貞)=총위(總位)로 나누어 다음과 같이 풀이를 하게 된다.

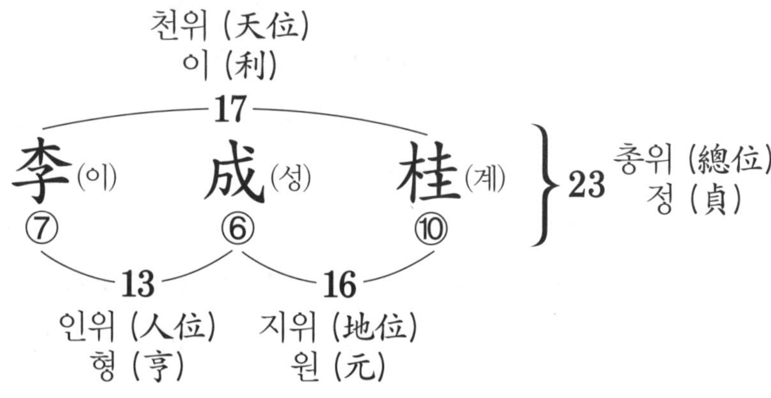

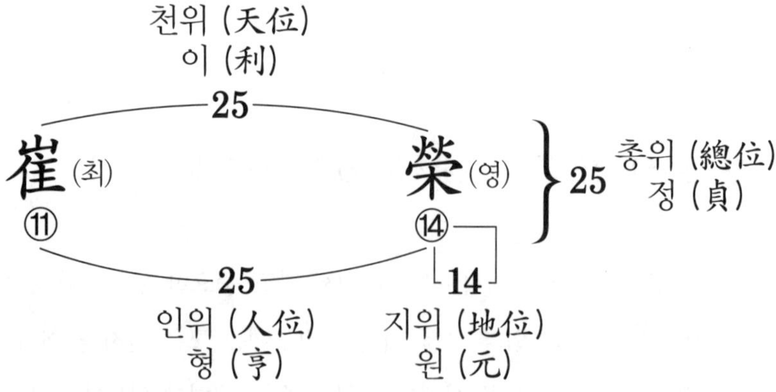

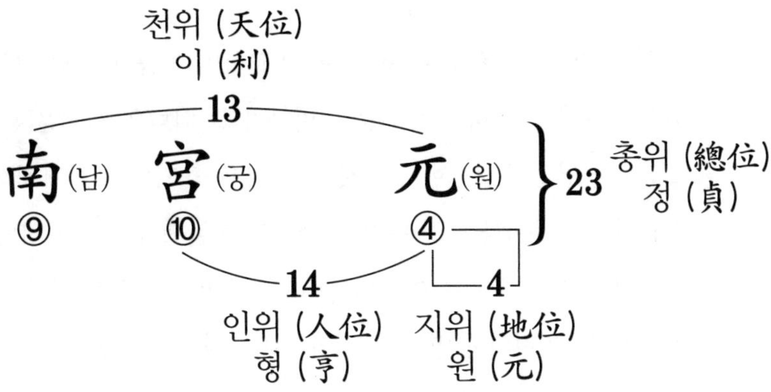

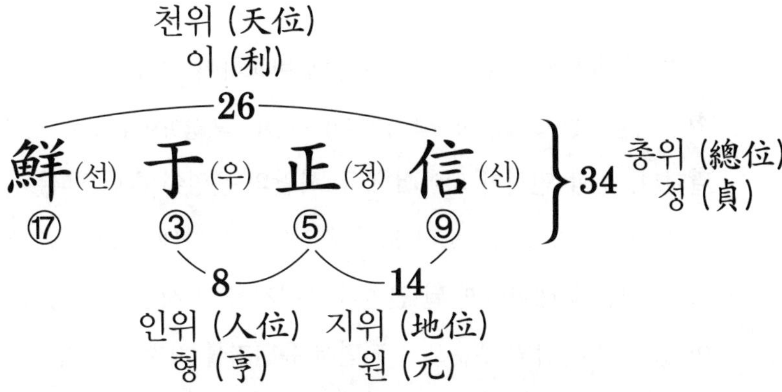

위에서처럼 네 가지의 예를 들어 알기 쉽도록 나누어 이름의 획수를 계산하여 지위(地位)=원(元)·인위(人位)=형(亨)·천위(天位)=이(利)·총위(總位)=정(貞)으로 각각 나누게 되는데 이 4위(四位) 속에는 다음과 같은 의미를 가지고 있다.

❷ **지위(地位)는 초년운을 말한다.**

즉, 지위(地位)=원(元)은 봄(春)에 비교하여 이름자의 획수를 합한 것을 말한다. 자신을 지적하는 부위를 의미하며 그 사람의 선천운(先天運)을 나타내고 있으나 영원히 불변한다는 것은 아니다. 즉 가난한 집에 태어난 사람도 노력에 의해서 부귀를 누릴 수 있고 소년기를 불행하게 지낸 사람도 그 후 행복을 누릴 수가 있으므로 이 지위(地位)의 운명은 완전한 성년이 되기 전의 청년기의 전반까지의 운명이며 그 이후로는 자신의 소질과 성격, 노력 등에 의해서 개척되는 후천운인 인위(人位)가 가지는 주운(主運)인 것이다.

❸ **인위(人位)는 중년운으로 일생을 지배한다.**

즉 인위(人位)=형(亨)는 여름(夏)에 비교하여 성자(姓字)와 이름자의 상위자 획수(성자가 2자일 때는 성자의 하위글자와 이름자의 상위자의 획수를 합함)의 합한 수를 말한다. 성과 연결이 되어서 결국 사람의 운명이 발단된다는 것을 의미하며 성은 한가문의 상징으로서 조상의 영위를 나타내는 그 성에 이름이 붙게 되니 그 집안에 태어나게 된 인연이 맺어져서 그 사람의 운명이 시작되고 이것이 결국 그 사람의 주운으로 되면서 유년기를 거쳐 청년기로 들 때까지의 운명은 지위(地位)의 영동(靈動)에 의해서 지배가 되나 사회인이 되어서 이비선악(理非善惡)의 판단과 자각을 가지고 사회에서 인생의 험난한 파도를 헤엄치는 청장년 이후의 운명은 지위만으로는 바랄 수가 없는 것이며, 지위(地位)의 합일체(合一體)인 인위(人位)의 영동이 발작하여 그 운명을 지배하는 중추가 되고 있는 것이다.

④ 외위(外位)는 보충운으로 중년후를 말한다.

즉 외위(外位)=이(利)는 가을(秋)로, 성자(姓字)와 이름자의 아랫자의 획수를 합한 수를 말한다. 이것은 인위의 주운에 대한 부운으로 볼 만큼 강한 암시력을 내포하고 그 사람의 환경을 표시하여 친구와 또는 사회 환경에 해당한다. 외위의 암시력이 좋으면 환경이 좋고, 반대로 외위가 흉운일 때는 주위가 좋지 않음을 의미하므로 동체(胴體)의 오장육부가 완전무결하다 하여도 두부의 조직이 투명치 못하고 우둔하다면 큰 성공은 할 수가 없을 것이다. 어느 한 곳이라도 결점이 있으면 출세에 많은 지장이 있을 것이고 가령 결점이 없다 해도 위풍이 졸장부가 된다면 사회생활에서 대외적 활동에 지장을 초래할 것이다.

⑤ 총위(總位)는 전체의 운명을 결정한다.

즉 총위(總位)=정(貞)은 겨울(冬)로 비교해서 성자(姓字)와 이름자의 총획수를 모두 합한 수를 말한다. 이것은 말년의 운으로 보고 있으며 총위의 의의는 일생의 운명을 상징하고 있고 인간의 운명처럼 기복이 많고 복잡 미묘하여 죽는 날까지 알 수가 없겠으나 이 운명을 예지하는 성명학에서 감정으로 한 인간의 운명을 대관해서 그 생애가 행운인지, 불운인지, 대흉인지, 소흉인지 등을 분별하는 것이 총위의 획수에 의하여 감정을 하고 있다. 이 4위(四位)를 합하여 인간의 체위에 비하면 인위는 몸체이고 지위는 요각부가 되고 외위는 인체의 위풍으로 외부적인 역할을 하고 총위는 인체의 전부를 총괄하는 것이다.

6 팔십일획수(八十一劃數)의 운수와 판단(判斷) 획수(劃數)로 보는 성격(性格)

성명의 주운(主運)이 되는 인위부(人位部)의 획수에 의해서 성격감정은 운명예지(運命豫知)에 중요한 방법의 하나이다. 인위의 획수에 있어서 십수(十數)까지는 그대로 하여 다음의 성격표에 맞추어 보되 십수가 넘는 경우에는 십(十)단위로 공제(控除)하고 남는 수만을 가지고 보게 되며, 즉 성자가 11획이고 이름자의 윗자가 13획일 경우에는 합하여 24획이 되니 20획을 공제하고 남은 4획으로 보게 되는 것이다.

❶ 제1수(第一數)에 해당되는 성격

천성(天性)이 온순하고 침착하며 양순하고 점잖은 풍채를 가지고 지능과 사고력이 풍부하여 모든 일에 점진적인 노력가이다. 따라서 큰 활동가이며 이성에 풍부하고 생각하는 것이 치밀하여 사업이나 상업에도 큰 실수 없이 무난하겠고 특히 자존심이 강하고 타산적인 성격도 내포하여 의기를 주장하면서도 다소의 시기심도 포함된 것이 결점이 되나 사람들과 조화적인 반면에 외견으로는 온순한 태도와는 달리 내면적인 불굴의 성질이 있어서 때로는 이 성질이 밖으로 내뿜으면 주위 사람들에게 의외의 느낌을 주게 되고 또한 이 성적인 성질에 의해 모든 사물의 시비선악의 사리판단력이 분명하고 아량이 풍부한 편으로 교육가나 종교가는 물론 군인이나 실업가에 적합한 성격이라 하겠다.

❷ 제2수(第二數)에 해당되는 성격

음성(陰性)의 성질에 속하면서 인내도 있고 인정도 많으나 그다지 활동적인 편은 아니면서도 집안에 들어 있을 성질은 아니다. 매우 소극적이나 반면에 매사에 꾸준한 노력형으로 조심성이 많은 편이면서도 성질이 한쪽으로 치우치고 비굴하여 한번 노기(怒氣)가 폭발하면 물불을 가리지 않는 과격한 성질이 있으며 질투심이 또한 강한 점이 결점이라 하겠다. 희생적이면서도 자립갱생의 특질과 견실성이 있어 친구나 친지의 신뢰는 있으나 그것도 인간적인 면에서의 신뢰로 사업상에 대해서는 소극적이고 과히 중요시하지 않게 되어 혈맹의 친구나 또는 한쪽 팔이 되어줄 협력자는 얻기가 어렵고 재산을 모으는데 머리를 많이 쓰게 되니 이기주의자로 오해를 받기가 쉽게 된다. 이러한 성격의 적격직은 사무직이나 기술직 또는 실업직에 적당하다고 본다.

❸ 제3수(第三數)에 해당되는 성격

활기가 충만하여 활동력이 왕성하며 감정이 예민하고 지재(至材)가 우수하여 과단성이 있기 때문에 어떤 일에나 처리능력이 풍부하고 지도력과 통솔력도 능히 갖추고 있다. 과격한 급진성은 모든 일에 잠자코 있을 수가 없는 성격으로 자존심이 강하며 넘치는 자신감으로 모든 사람과의 교제에도 화려한 풍객이어서 주위의 신망과 인증을 받을 수는 있으나 무서운 것을 모른다는 행동형이므로 경솔한 원인으로 실패하기 쉽고 인내성이 부족하다. 그리고 약한 점도 있어서 혹 사업에 실패를 하였을 때 어쩔 줄을 모르고 전혀 다른 사람으로 변해버리는 결함이 있어 어느 정도 마음의 수양을 하면 실패가 없을 것이며, 특히 투기성이 있는 일에는 삼가야 할 것이다. 이러한 성품의 소유자는 지도적인 사람이 많으며 정치가나 군인, 또는 실업가나 활동적인 직업에 할 것이다.

④ 제4수(第四數)에 해당되는 성격

외견으로는 평온하고 침착한 무사태평의 낙천가가 대부분이다. 또한 두뇌가 예민하고 강한 활기가 폭발적인 성품이 내포되어 매사에 실행력이 부족한 것이 결점이나 지재가 우수한 재동형(才童型)도 있다.

그 중 낙천형(樂天型)은 틀림없는 호인으로 보겠지만 모든 사물을 관찰하고 계획을 세워서 실행을 할 때 만약의 경우 대비하는 준비와 사고력이 부족하여 행운이 따를 때는 주위에서 많은 존경과 호의를 사게 되지만 불운으로 기울기 시작하면 그 일을 만회할 능력이 부족하여 고독에 빠지는 경우가 많을 것이다.

반면에 재동형은 예민한 두뇌를 가지고 지나치게 주의력을 기울여 손해와 다소의 불리가 따르는 일에는 상대편의 이해관계는 상관치 않고 자기에게만 유리하도록 일을 처리하기 때문에 많은 사람으로부터 미움을 사게 되고 심리적으로 깊은 신뢰를 잃게 되어 오히려 반발과 반항의 적개심을 사게 되어 위험한 처지에 놓이므로 편굴적인 허망한 성질을 삼가는 것이 큰 득이 될 것이다. 이러한 성질의 소유자는 종교가나 예술가 또는 학자 등이 적합하다.

⑤ 제5수(第五數)에 해당되는 성격

인격이 원만하고 사교가로도 부족한 점이 없는 성격이지만, 자신도 모르게 특정인을 꺼리는 일이 있어 그로 인해 불리할 수도 있다. 매사의 처리에 아량이 풍부하여 자중성이 강하고 지구한 노력형이며 남의 딱한 사정도 친절하게 아낌없이 돌봐주므로 주위의 평판도 비교적 좋다. 자기반성의 신념이 강하므로 스스로 행운을 파괴하는 일은 없으나 겉으로 볼 때 침착성이 부족하고 상당한 고집과 자존심이 내재해서 강한 반발력이 발휘되고 명예심에 깊은 점이 특징이다. 마음에 드는 일에는 노력을 아끼지 않으나 마음에 없으면 돌아보지도 않을 만큼 개성이 강하며 무엇이든 속에 넣어두고 참지를 못하는 성격으로 때와 장소를 가리지 않고 털어 놓아야만 직성이 풀리는 성격으로 군인이나 실업가, 또는 정치가 등이 적격이다.

❻ 제6수(第六數)에 해당되는 성격

호탕한 협기가 있어 신경이 둔하고 침착성이 없어 어수선한 일에도 태연한 성품에 흔히 말하는 호걸형도 아니면서 약한 자를 돕는다는 격으로 인정미는 있으나 그 반면에 의외로 과단성이 적어서 큰 일과는 달리 사소한 일에는 이상할 정도로 진퇴거취에 망설이는 성격이다. 많은 사람에게 친절하고 책임감도 강해서 주위사람들에게는 신뢰와 존경을 받으나 생각과는 달리 질투심이 강하다. 부끄러운 태도를 고치려는 내부적인 고심을 가지고 있어 항상 명랑치 못한 일면도 있고 표면으로는 온후한 면이 있으나 내면으로는 강정하고 인내심이 강하여 강건 민첩한 반면에 마음이 너그럽고 후덕한 성격으로 금전관계도 대외적으로는 상당히 과단성 있게 쓰면서도 가정에서는 모든 일에 따지고 간섭하는 편이 된다. 직업으로는 군인과 기술직 또는 노동직과 활동적인 직업이 적합하다.

❼ 제7수(第七數)에 해당되는 성격

실행력이 강하고 예민한 수완가로서 인내력이 강하며 명예와 지위의 체재를 가지고 쓸데없는 과언으로 농을 좋아하는 성격이며 명예를 사랑하고 권력을 좋아하는 성질이다. 어떠한 일에나 윗자리가 아니면 그대로 있지 않는다는 성품으로 호운의 혜택이 있는 동안에는 많은 사람의 존경을 받으나 역운으로 불운에 허덕일 때는 압박당했던 반감을 일시에 폭발시켜서 모든 주위 사람들을 흐트러트리기를 잘하나 감각이 예민하여 사물을 짐작하는 것이 빠르고 임기응변의 처치가 교묘하기 때문에 사태를 원만히 수습하는 과감성과 지능적인 성격이 있다. 솔직한 형으로 표리가 없고 또한 심적으로 믿는 데는 부족한 결점이 보이며 이로 인해 사업과 대인관계에 다소의 영향이 미치게 되어 이러한 성질을 환경적으로 정반대가 되는 경우도 있게 된다. 직업으로는 예술가나 사업가, 또는 학자나 종교가가 적격이다.

⑧ 제8수(第八數)에 해당하는 성격

불요불굴(不撓不屈)의 정신을 가진 왕성한 활동력과 급진적인 면을 지닌 행동가로 성품이 정직하고 의지가 강철과 같고 분투적이며 허식이 없는 용단력과 과감성이 사물의 처리는 물론 사태의 파악과 수습에도 능하며 또한 인내력도 있어 어떠한 고난에도 맥을 잃지 않고 기회를 노리는 타입이므로 강정한 사람으로 보는 점도 있으나 좀처럼 남에게 굴(屈)하지 않아서 한마디로 철석부동, 초지일관의 타입으로 동화력이 없는 과다한 완고로 쟁론을 일으키기 쉬우니 이점을 특히 유념하여 온유함을 수양한다면 참으로 이상적인 성격이다. 직업은 군인이나 노동직 또는 기술직 등이 적격이다.

⑨ 제9수(第九數)에 해당되는 성격

일관된 신념은 강하지는 않으나 활동력이 왕성하고 흐르는 물처럼 쉬는 일이 없이 끈기 있는 노력가로 보기보다 예민한 기재(機才)가 있어 임기응변에 능하고 사교적으로도 극히 담백하며 백은 백으로 흑은 흑으로 진로방향을 마음으로 정하면 영구히 그 마음을 지속하는 집념이 강하다. 평소의 자기 주장을 함부로 토하는 무절제하거나 변절함은 아니니 마음먹은 대로 밀고 나간다면 비교적 호의 혜택을 입을 것이며, 특히 금전을 취급하는 사업에서 자신이 정한 목표만을 향하여 꾸준히 노력을 한다면 성공을 할 수 있는 성격이기도 하다. 또한 이성적인 면과 감정적인 면의 두 가지의 성격도 보이는데 이성 면에서는 너무나 타산적으로 물욕이 지나치게 많고, 감정 면에서는 희로애락의 표현이 강하여 잘 되는 일에는 너무도 즐거워하고 못 되는 일에는 머리끝까지 성질을 부리는 극에서 극의 성질로 사람을 한번 잘못 보면 그것이 차차 증오로 변하는 성질이기도 하다. 특히 이런 점을 유념하여 온유하게 수양을 한다면 참으로 이상적인 성격으로 영동력을 발휘할 것이다. 직업으로는 실업가나 예술가, 또는 학자나 기술직이 적합하다.

⑩ 제10수(第十數)에 해당되는 성격

음기가 소극적으로 아는 일에도 깊이 생각하고 돌다리도 두드려보고 건너가는 성질로 주위에서 볼 때는 우유부단하고 생기가 없는 것처럼 보이며 타인들의 생각에는 아랑곳없이 자기가 납득될 때까지 이모저모로 살펴서 자신감이 생기면 평소의 태도를 바꾸어 맹렬히 행동과 감정이 폭발하면 호수가 변하여 대해의 파도가 되고 광파(狂波)가 추측하기 어려울 정도로 일어나지만 실행력과 과단성이 부족한 것이 결점이다. 특히 사교 면에 있어서는 외유내강하여 능숙한 편이며 모든 일에 특출한 장점이 많은 편으로 지력과 사고력이 깊고 모계가 주밀하며 심원하고 성질이 화순하다. 냉정한 반면에 보통의 호운으로 혜택이 일어나 생활이 순조롭게 되어도 인내성이 강하여 함부로 설치지 않고 행동에도 무게가 있어 자신이 있게 보이므로 주위의 신뢰가 자연히 두터워지면서 성공에도 큰 도움이 될 수가 있다. 그러나 운명적으로 불우할 때에는 이러한 점을 특별히 유념하여 개성에 힘써야 한다. 직업으로는 예술가나 종교가 또는 학자나 연구직에 종사하는 것이 적합하다.

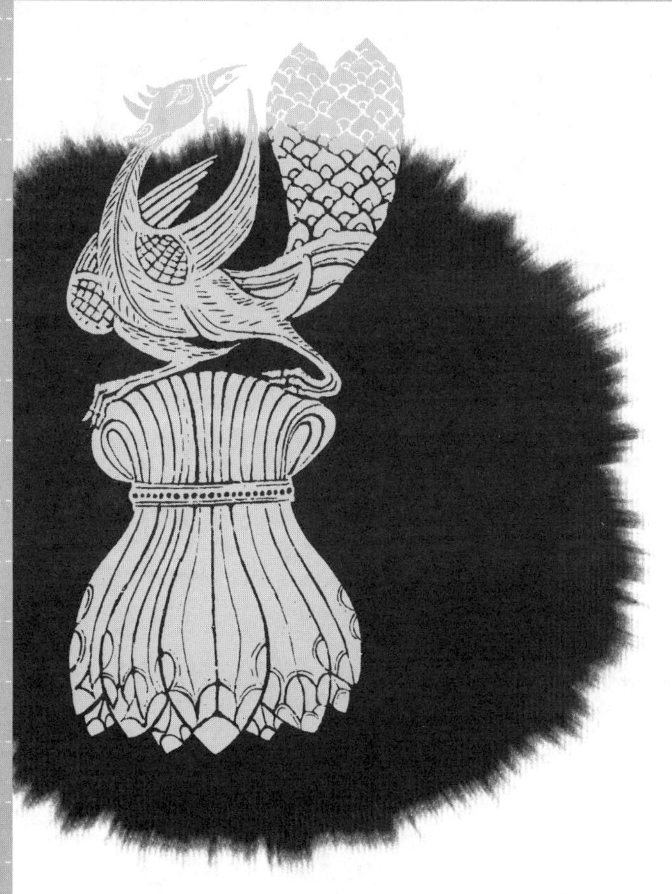

추구집

추구집이란 옛 사람들이 남긴 속담 · 풍자 ·
해학을 담은 오언시구로서 우주의 삼라만상
과 더불어 일상생활에 스며있는 선조들의
슬기와 지혜를 배울 수 있다.

天　高　日　月　明

하늘 천　　높을 고　　해 일　　달 월　　밝을 명

天高日月明(천고일월명) : 하늘은 높고 해와 달은 밝으며,

地　厚　草　木　生

땅 지　　두터울 후　　풀 초　　나무 목　　날 생

地厚草木生(지후초목생) : 대지는 두텁고 풀과 나무는 잘 자라난다.

春　來　梨　花　白

봄 춘　　올 래　　배나무 이　　꽃 화　　흰 백

春來梨花白(춘래이화백) : 봄이 오니 배나무 꽃은 하얗게 피고,

夏　至　樹　葉　靑

여름 하　　절기 지　　나무 수　　잎 엽　　푸를 청

夏至樹葉靑(하지수엽청) : 여름이 오니 나뭇잎이 푸르다.

秋	凉	菊	黃	發
가을 추	서늘 량	국화 국	누를 황	필 발

秋凉菊黃發(추량국황발) : 서늘한 가을이 오면 국화는 만발하고.

冬	寒	白	雪	來
겨울 동	찰 한	흰 백	눈 설	올 래

冬寒白雪來(동한백설래) : 추운 겨울이 오면 흰 눈이 내린다.

月	出	天	開	眼
달 월	날 출	하늘 천	열 개	눈 안

月出天開眼(월출천개안) : 달이 뜨니 하늘은 눈을 뜬 것 같고,

山	高	地	擧	頭
뫼 산	높을 고	땅 지	들 거	머리 두

山高地擧頭(산고지거두) : 산이 높으니 땅은 머리를 든 것 같다.

人	心	朝	夕	變
사람 인	마음 심	아침 조	저녁 석	변할 변

人心朝夕變(인심조석변) : 사람의 마음은 아침과 저녁이면 다르나,

山	色	古	今	同
뫼 산	빛 색	옛 고	이제 금	한가지 동

山色古今同(산색고금동) : 산의 색깔은 옛날이나 지금이나 똑같다.

日	月	千	年	鏡
날 일	달 월	일천 천	해 년	거울 경

日月千年鏡(일월천년경) : 해와 달은 천년동안 하늘과 땅의 거울이고,

江	山	萬	古	屛
물 강	뫼 산	일만 만	옛 고	병풍 병

江山萬古屛(강산만고병) : 산과 강물은 만년동안 병풍이 되었구나.

東	西	日	月	門
동녘 동	서녘 서	해 일	달 월	문 문

東西日月門(동서일월문) : 동쪽과 서쪽은 해와 달의 문이고,

南	北	鴻	雁	路
남녘 남	북녘 북	기러기 홍	기러기 안	길 로

南北鴻雁路(남북홍안로) : 남과 북은 기러기떼의 길이 되는구나.

十	年	燈	下	苦
열 십	해 년	등잔 등	아래 하	괴로울 고

十年燈下苦(십년등하고) : 십년동안 열심히 등잔 밑에서 공부를 하여,

三	日	馬	頭	榮
석 삼	날 일	말 마	머리 두	영화 영

三日馬頭榮(삼일마두영) : 벼슬길에 올라 사흘간 말을 타고 축하를 받는다.

一 日 不 讀 書

| 한 일 | 날 일 | 아니 불 | 읽을 독 | 글 서 |

一日不讀書(일일불독서) : 하루라도 글을 읽지 않으면,

口 中 生 荊 棘

| 입 구 | 가운데 중 | 날 생 | 가시 형 | 가시 극 |

口中生荊棘(구중생형극) : 입안에 가시가 돋는다.

江 山 萬 古 主

| 강 강 | 뫼 산 | 일만 만 | 옛 고 | 주인 주 |

江山萬古主(강산만고주) : 강과 산은 만고의 주인이고,

人 物 百 年 賓

| 사람 인 | 물건 물 | 일백 백 | 해 년 | 손 빈 |

人物百年賓(인물백년빈) : 사람은 강산에 잠시 왔다가는 손님이다.

春	北	秋	南	雁
봄 춘	북녘 북	가을 추	남녘 남	기러기 안

春北秋南雁(춘북추남안) : 봄에는 북쪽, 가을에는 남쪽으로 기러기는 왕래하며,

朝	西	暮	東	虹
아침 조	서쪽 서	저물 모	동녘 동	무지개 홍

朝西暮東虹(조서모동홍) : 무지개는 아침에 서쪽, 저녁엔 동쪽에 빛을 낸다.

日	月	籠	中	鳥
해 일	달 월	새장 롱	가운데 중	새 조

日月籠中鳥(일월롱중조) : 해와 달은 새장 속에 있는 새와도 같고,

乾	坤	水	上	萍
하늘 건	땅 곤	물 수	윗 상	부평초 평

乾坤水上萍(건곤수상평) : 하늘과 땅의 움직임은 부평초와도 같구나.

冬 嶺 秀 孤 松
겨울 동   산고개 령   빼어날 수   외로울 고   소나무 송
冬嶺秀孤松(동령수고송) : 겨울철에 산에 있는 소나무는 더욱 푸르게 보인다.

日 暮 鷄 登 塒

날 일 저녁 모 닭 계 오를 등 닭장 시

日暮鷄登塒 (일모계등시) : 날이 저물면 닭은 닭장에 들어가고,

天 寒 鳥 入 簷

하늘 천 찰 한 새 조 들 입 처마 첨

天寒鳥入簷 (천한조입첨) : 날씨가 추워지면 새들은 처마에 드는구나.

細 雨 池 中 看

가늘 세 비 우 못 지 가운데 중 볼 간

細雨地中看 (세우지중간) : 이슬비는 못 가운데서 형상을 볼 수 있고,

微 風 木 末 知

가늘 미 바람 풍 나무 목 끝 말 알 지

微風木末知 (미풍목말지) : 나뭇가지 끝을 보면 바람이 부는 것을 알 수 있다.

<table>
<tr><td>松</td><td>作</td><td>迎</td><td>客</td><td>蓋</td></tr>
<tr><td>소나무 송</td><td>지을 작</td><td>맞을 영</td><td>손님 객</td><td>덮을 개</td></tr>
</table>

松作迎客蓋(송작영객개) : 소나무 밑은 손님을 맞는 정자구실을 하고,

<table>
<tr><td>月</td><td>爲</td><td>讀</td><td>書</td><td>燈</td></tr>
<tr><td>달 월</td><td>할 위</td><td>읽을 독</td><td>글 서</td><td>등잔 등</td></tr>
</table>

月爲讀書燈(월위독서등) : 달이 밝으니 글 읽는데 등불 구실을 하는구나.

<table>
<tr><td>桃</td><td>李</td><td>千</td><td>機</td><td>錦</td></tr>
<tr><td>복숭아 도</td><td>오얏 리</td><td>일천 천</td><td>베틀 기</td><td>비단 금</td></tr>
</table>

桃李千機錦(도리천기금) : 복숭아꽃과 오얏나무꽃은 베틀에 있는 비단같고,

<table>
<tr><td>江</td><td>山</td><td>一</td><td>畵</td><td>屛</td></tr>
<tr><td>강 강</td><td>뫼 산</td><td>한 일</td><td>그림 화</td><td>병풍 병</td></tr>
</table>

江山一畵屛(강산일화병) : 강과 산은 한폭의 병풍같도다.

微	雲	過	河	漢
가늘 미	구름 운	지날 과	물 하	한수 한

微雲過河漢(미운과하한) : 솜털구름은 황하를 유유히 지나가고,

疎	雨	滴	梧	桐
드물 소	비 우	적실 적	오동나무 오	오동나무 동

疎雨滴梧桐(소우적오동) : 소나무는 오동나무잎을 적시는구나.

學	文	千	載	寶
배울 학	글월 문	일천 천	실을 재	보배 보

學文千載寶(학문천재보) : 글을 배워서 익히면 천년의 보배가 되나,

貪	物	一	朝	塵
탐할 탐	물건 물	한 일	아침 조	티끌 진

貪物一朝塵(탐물일조진) : 물질을 탐내면 하루아침에 티끌로 사라지도다.

柳幕鶯爲客(유막앵위객) : 버드나무는 꾀꼬리를 손님으로 맞이하고,

花房蝶作郎(화방접작랑) : 꽃은 나비를 서방님으로 모시는구나.

山外山不盡(산외산불진) : 첩첩산은 넘고 넘어도 끝이 없고,

路中路無窮(노중로무궁) : 길은 가도가도 끝이 없이 이어지도다.

飲 酒 人 顔 赤

| 마실 음 | 술 주 | 사람 인 | 얼굴 안 | 붉을 적 |

飲酒人顔赤(음주인안적) : 술을 마시면 얼굴이 붉어지고,

食 草 馬 口 青

| 먹을 식 | 풀 초 | 말 마 | 입 구 | 푸를 청 |

食草馬口青(식초마구청) : 풀을 뜯는 말은 입가에 푸른 물이 마를 새가 없도다.

雨 後 山 如 沐

| 비 우 | 뒤 후 | 뫼 산 | 같을 여 | 목욕할 목 |

雨後山如沐(우후산여목) : 비가 온 뒤의 산은 목욕을 한 것 같고,

風 前 草 似 醉

| 바람 풍 | 앞 전 | 풀 초 | 같을 사 | 취할 취 |

風前草似醉(풍전초사취) : 바람이 부니 초목은 이리저리 흔들리는구나.

花	笑	聲	未	聽
꽃 화	웃음 소	소리 성	아닐 미	들을 청

花笑聲未聽(화소성미청) : 꽃이 웃고 있지만 그 소리는 듣지 못하고,

鳥	啼	淚	難	看
새 조	울 제	눈물 루	어려울 난	볼 간

鳥啼淚難看(조제루난간) : 새는 울지만 그 눈물은 볼 수가 없구나.

風	驅	群	飛	雁
바람 풍	쫓아보낼 구	무리 군	날 비	기러기 안

風驅群飛雁(풍구군비안) : 바람이 불어서 무리로 날아간 기러기를 쫓아보내고,

月	送	獨	去	舟
달 월	보낼 송	홀로 독	갈 거	배 주

月送獨去舟(월송독거주) : 달빛 아래 홀로 가는 배를 전송하도다.

小	園	鶯	歌	歇
적을 소	동산 원	꾀꼬리 앵	노래 가	쉴 헐

小園鶯歌歇(소원앵가헐) : 정원은 아름다운 꾀꼬리가 노래하며 쉬는 곳이고,

長	門	蝶	舞	多
길 장	문 문	나비 접	춤출 무	많을 다

長門蝶舞多(장문접무다) : 대문마다 나비가 떼를 지어 춤을 추는구나.

風	窓	燈	易	滅
바람 풍	창문 창	등잔 등	쉴 이	멸할 멸

風窓燈易滅(풍창등이멸) : 바람이 부니 등잔불이 쉽게 꺼지고,

月	屋	夢	難	成
달 월	집 옥	꿈 몽	어려울 난	이룰 성

月屋夢難成(월옥몽난성) : 달이 밝아 낮과 같으니 꿈을 이룰 수가 없도다.

白　鷺　千　紛　雪
흰 백　　백로 로　　일천 천　　어지러울 분　　눈 설
白鷺千紛雪(백로천분설) : 흰 백로는 온통 흰눈으로 몸을 치장한 것 같고,
黃　鶯　一　片　金
누룰 황　　꾀꼬리 앵　　한 일　　조각 편　　쇠 금
黃鶯一片金(황앵일편금) : 황금 꾀꼬리는 얼핏 황금덩어리로 보이도다.

東　西　幾　萬　里
동녘 동　　서쪽 서　　몇 기　　일만 만　　마을 리
東西幾萬里(동서기만리) : 동서는 수 만리인가 알 수 없고,
南　北　不　能　尺
남쪽 남　　북녘 북　　아니 불　　능할 능　　자 척
南北不能尺(남북불능척) : 남북도 자로 잴 수가 없이 멀도다.

狗	走	梅	花	落
개 구	달릴 주	매화 매	꽃 화	떨어질 락

狗走梅花落(구주매화락) : 개가 달리면 매화꽃이 떨어지고,

鷄	行	竹	葉	成
닭 계	다닐 행	대 죽	잎사귀 엽	이룰 성

鷄行竹葉成(계행죽엽성) : 닭이 다니는 곳엔 대나무 잎이 무성하도다.

竹	筍	黃	犢	角
대 죽	죽순 순	누를 황	송아지 독	뿔 각

竹筍黃犢角(죽순황독각) : 대나무순은 송아지 뿔과 같고,

蕨	芽	小	兒	拳
고사리 궐	싹 아	작을 소	어린이 아	주먹 권

蕨芽小兒拳(궐아소아권) : 고사리순은 어린아이 주먹 같도다.

白雲山上蓋(백운산상개) : 흰 구름은 남산 위를 덮고 있으며,

明月水中珠(명월수중주) : 밝은 달은 우물 속에 있는 구슬같구나.

花紅黃蜂鬧(화홍황봉뇨) : 백화가 만발하면 벌들은 노래하고,

草綠白馬嘶(초록백마시) : 초원에 풀이 우거지니 백마가 즐겁게 뛰놀도다.

耕	田	埋	春	色
갈 경	밭 전	묻을 매	봄 춘	빛 색

耕田埋春色(경전매춘색) : 밭을 갈면 봄을 묻는 것 같고,

汲	水	斗	月	光
물길을 급	물 수	말 두	달 월	빛날 광

汲水斗月光(급수두월광) : 물을 떠오면 달빛도 함께 떠온 것 같도다.

畵	虎	難	畵	骨
그림 화	호랑이 호	어려울 난	그림 화	뼈 골

畵虎難畵骨(화호난화골) : 호랑이의 모습은 그릴수 있지만 그 뼈는 그릴수 없고,

知	人	未	知	心
알 지	사람 인	아닐 미	알 지	마음 심

知人未知心(지인미지심) : 사람은 누구나 사귈수 있지만 그 마음은 알 수가 없도다.

秋	葉	霜	前	落
가을 추	입사귀 엽	서리 상	앞 전	떨어질 락

秋葉霜前落(추엽상전락) : 가을철 나뭇잎은 서리가 내리면 낙엽이 지고,

春	花	雨	後	紅
봄 춘	꽃 화	비 우	뒤 후	붉을 홍

春花雨後紅(춘화우후홍) : 봄철에 만발한 꽃은 비가내린 후면 더욱 붉어지도다.

雨	滴	沙	顔	縛
비 우	적실 적	모래 사	얼굴 안	얽을 박

雨滴沙顔縛(우적사안박) : 비가 내리니 백사장이 갑자기 얼룩지고,

風	來	水	先	動
바람 풍	올 래	물 수	먼저 선	움직일 동

風來水先動(풍래수선동) : 바람이 불면 물이 먼저 움직인다.

吹	火	女	脣	尖
불 취	불 화	여자 여	입술 순	뽀족할 첨

吹火女脣尖(취화여순첨) : 불꽃을 부는 여자아이 입술은 뽀족하고,

脫	弁	僧	頭	圓
벗길 탈	고깔 변	중 승	머리 두	둥글 원

脫弁僧頭圓(탈변승두원) : 모자를 벗은 중의 머리는 둥글도다.

天	傾	西	北	邊
하늘 천	기울어질 경	서쪽 서	북녘 북	갓 변

天傾西北邊(천경서북변) : 하늘은 서쪽과 북쪽으로 기울어지고,

地	卑	東	南	界
땅 지	낮을 비	동녘 동	남녘 남	경계 계

地卑東南界(지비동남계) : 땅은 동쪽과 남쪽의 경계로 낮게 이어지도다.

花	無	重	開	日
꽃 화	없을 무	거듭 중	열 개	날 일

花無重開日(화무중개일) : 꽃은 피었다 지면 다시 피지 않고,

人	無	更	少	年
사람 인	없을 무	다시 갱	젊을 소	해 년

人無更少年(인무갱소년) : 사람도 한번 늙으면 소년이 될 수 없도다.

鳥	逐	花	間	蝶
새 조	쫓을 축	꽃 화	사이 간	나비 접

鳥逐花間蝶(조축화간접) : 새는 꽃 사이의 나비를 쫓아 다니고,

鷄	爭	草	中	虫
닭 계	다툴 쟁	풀 초	가운데 중	벌레 충

鷄爭草中虫(계쟁초중충) : 닭은 풀속의 벌레를 다투어 잡는도다.

山 影 推 不 出

뫼 산	그림자 영	밀 추	아니 불	날 출

山影推不出(산영추불출) : 산그림자는 잡으려 해도 잡지 못하고,

月 光 掃 還 生

달 월	빛 광	쓸 소	다시 환	날 생

月光掃還生(월광소환생) : 달빛은 빗자루로 쓸어도 다시 생기는구나.

鳥 喧 蛇 登 樹

새 조	지저길 훤	뱀 사	오를 등	나무 수

鳥喧蛇登樹(조훤사등수) : 새가 지저귀면 나무 위로 뱀이 기어오르고,

犬 吠 客 到 門

개 견	개짖을 폐	손 객	이를 도	문 문

犬吠客到門(견폐객도문) : 개의 짖음은 손님이 문간에 왔음을 알리는 것이로다.

風	來	水	面	嚬
바람 풍	올 래	물 수	얼굴 면	찡그릴 빈

風來水面嚬(풍래수면빈) : 바람이 불면 수면은 찰랑대도다.

雨	霽	雲	始	散
비 우	비개일 제	구름 운	비로소 시	흩어질 산

雨霽雲始散(우제운시산) : 비가 그치면 구름이 흩어진다.

石	蹲	壯	士	拳
돌 석	걸터앉을 준	장사 장	선비 사	주먹 권

石蹲壯士拳(석준장사권) : 언덕 위에 있는 돌의 모양이 장사의 주먹같고,

峰	尖	文	章	筆
봉우리 봉	뽀족할 첨	글월 문	글월 장	붓 필

峰尖文章筆(봉첨문장필) : 산봉우리가 뽀족하니 글을 쓸 때의 붓과 같도다.

高	峯	撐	天	立
높을 고	봉우리 봉	버틸 탱	하늘 천	설 립

高峯撐天立(고봉탱천립) : 높은 산봉우리는 하늘을 기둥으로 버틴 것 같고,

長	江	割	地	去
길 장	강 강	나눌 할	땅 지	갈 거

長江割地去(장강할지거) : 길고 긴 강은 대지를 베고 가는 것 같도다.

野	廣	天	低	樹
들 야	넓을 광	하늘 천	낮을 저	나무 수

野廣天低樹(야광천저수) : 대지는 넓고 넓어 하늘이 나무아래 있는 것 같고,

江	淸	月	近	人
강 강	맑을 청	달 월	가까울 근	사람 인

江淸月近人(강청월근인) : 강물이 맑고 푸르니 강속에 달이 사람 가까이 있는 것 같구나.

鳥宿池邊樹(조숙지변수) : 새는 저수지 언덕에 있는 나무에 잠을 자고,

僧敲月下門(승고월하문) : 절에 있는 스님은 달빛 아래서 북을 치는구나.

水鳥浮還沒(수조부환몰) : 물새들은 물에 떴다가 다시 잠기는 놀이를 하고,

山　雲　斷　復　連
뫼 산　구름 운　끊어질 단　다시 부　연할 연

山雲斷復連(산운단부연) : 산위에 있는 구름은 이어졌다 끊기고 다시 이어지는구나.

棹	穿	波	底	月
노저을 도	뚫을 천	물결 파	밑 저	달 월

棹穿波底月(도천파저월) : 배를 젓는 노는 파도 아래 달을 뚫으며,

船	壓	水	中	天
배 선	누를 압	물 수	가운데 중	하늘 천

船壓水中天(선압수중천) : 물 위에 뜬 배는 물속에 있는 하늘을 누르도다.

世	事	琴	三	尺
세상 세	일 사	거문고 금	셋 삼	자 척

世事琴三尺(세사금삼척) : 세상의 모든 일은 거문고 석자로 뜻하고,

生	涯	酒	一	盃
날 생	물가 애	술 주	한 일	잔 배

生涯酒一盃(생애주일배) : 인생의 생활은 술 한잔으로 보내도다.

西	亭	江	上	月
서쪽 서	정자 정	강 강	윗 상	달 월

西亭江上月(서정강상월) : 서쪽 정자앞에 물이 흐르고 달은 물위에 떠 있으며.

東	閣	雪	中	梅
동녘 동	집 각	눈 설	가운데 중	매화 매

東閣雪中梅(동각설중매) : 동쪽에 있는 정자 앞뜰에 설중매가 아름답게 피었다.

讀	書	爲	貴	中
읽을 독	글 서	될 위	귀할 귀	가운데 중

讀書爲貴人(독서위귀인) : 글을 열심히 배우고 익히면 위대한 사람을 만들고,

不	學	作	農	夫
아니 불	배울 학	지을 작	농사 농	사내 부

不學作農夫(불학작농부) : 배우지 않으면 세상에 쓸모없는 사람이 되는구나.

惜	花	愁	夜	雨
아낄 석	꽃 화	근심 수	밤 야	비 우

惜花愁夜雨(석화수야우) : 꽃을 아끼는 마음은 어젯밤 비를 원망하고,

病	酒	怨	春	鶯
병날 병	술 주	원망 원	봄 춘	꾀꼬리 앵

病酒怨春鶯(병주원춘앵) : 봄꾀꼬리가 원망스러워 술병에 걸렸구나.

五	夜	燈	前	晝
다섯 오	밤 야	등잔 등	앞 전	낮 주

五夜燈前晝(오야등전주) : 길은 밤이라도 등잔불 앞에는 낮과 같고,

六	月	亭	下	秋
여섯 육	달 월	정자 정	아래 하	가을 추

六月亭下秋(육월정하추) : 유월 여름이지만 정자위에 앉으니 가을같이 시원하다.

鳧 耕 蒼 海 去

| 오리 부 | 갈 경 | 푸를 창 | 바다 해 | 갈 거 |

鳧耕蒼海去(부경창해거) : 물오리가 바다를 헤엄치는 것은 밭을 가는 것 같고,

鷺 割 靑 山 來

| 백로 노 | 벨 할 | 푸를 청 | 뫼 산 | 올 래 |

鷺割靑山來(노할청산래) : 백로가 날아오는 모습은 청산을 베고 오는 것 같구나.

怒 虎 誠 難 犯

| 성낼 노 | 호랑이 호 | 정성 성 | 어려울 난 | 범할 범 |

怒虎誠難犯(노호성난범) : 성난 호랑이는 결코 범하면 아니되고,

飢 狗 走 隣 家

| 주릴 기 | 개 구 | 달릴 주 | 이웃 인 | 집 가 |

飢狗走隣家(기구주인가) : 굶주린 개는 이웃집으로 달려가느니라.

栗	黃	鼯	來	拾
밤 률	누를 황	날다람쥐 오	올 래	주울 습

栗黃鼯來拾(율황오래습) : 밤이 익으면 박쥐들이 와서 따먹고.

柿	紅	兒	上	摘
감 시	붉을 홍	아이 아	윗 상	딸 적

柿紅兒上摘(시홍아상적) : 감이 빨갛게 익으면 아이들이 와서 따먹는구나.

日	暮	蒼	山	遠
날 일	저물 모	푸를 창	뫼 산	멀 원

日暮蒼山遠(일모창산원) : 날이 저무니 푸른 산은 멀리 보이고,

天	寒	百	屋	貧
하늘 천	찰 한	일백 백	집 옥	가난 빈

天寒百屋貧(천한백옥빈) : 겨울날씨가 쌀쌀하니 마을마다 집들이 쓸쓸하게 보이는구나.

雨	脚	尺	天	地
비 우	다리 각	자 척	하늘 천	땅 지

雨脚尺天地(우각척천지) : 비가 내리는 것은 하늘과 땅을 자로 재려는 것 같고,

雷	聲	叱	江	山
우레 뢰	소리 성	꾸짖을 질	강 강	뫼 산

雷聲叱江山(뇌성질강산) : 우레소리는 강산을 호령하는 것 같도다.

山	雨	夜	鳴	竹
뫼 산	비 우	밤 야	울 명	대 죽

山雨夜鳴竹(산우야명죽) : 밤에 비가 오니 대나무가 우는 것 같고,

草	虫	秋	入	床
풀 초	벌레 충	가을 추	들 입	평상 상

草虫秋入床(초충추입상) : 가을이 오면 벌레들은 마루밑으로 모이는구나.

歲　去　人　頭　白

| 해 세 | 갈 거 | 사람 인 | 머리 두 | 흰 백 |

歲去人頭白(세거인두백) : 세월이 가면 사람의 머리가 희어지고.

秋　來　樹　葉　黃

| 가을 추 | 올 래 | 나무 수 | 잎 엽 | 누를 황 |

秋來樹葉黃(추래수엽황) : 가을이 오니 나뭇잎은 자연히 누렇게 변색되도다.

洞　深　花　意　儽

| 골 동 | 깊을 심 | 꽃 화 | 뜻 의 | 게으를 뢰 |

洞深花意儽(동심화의뢰) : 깊은 골짜기에 피는 꽃은 계절을 잘 모르고,

山　疊　水　聲　幽

| 뫼 산 | 거듭 첩 | 물 수 | 소리 성 | 그윽할 유 |

山疊水聲幽(산첩수성유) : 산이 깊으면 물소리는 잔잔하게 고요히 들리도다.

群	星	陣	碧	天
무리 군	별 성	진칠 진	푸를 벽	하늘 천

群星陣碧天(군성진벽천) : 하늘에 있는 많은 별들은 푸른 하늘에 진을 친 것 같고.

落	葉	戰	秋	山
떨어질 락	잎 엽	싸울 전	가을 추	뫼 산

落葉戰秋山(낙엽전추산) : 나뭇잎 떨어지니 가을 산에 병사들이 전쟁하는 것 같구나.

靜	裡	乾	坤	大
고요할 정	속 리	하늘 건	땅 곤	큰 대

靜裡乾坤大(정리건곤대) : 고요할때는 하늘과 땅이 거대한 우주인 것을 알고.

閑	中	日	月	長
한가할 한	가운데 중	날 일	달 월	길 장

閑中日月長(한중일월장) : 너무나 한가하면 세월은 무척 긴 것 같도다.

家	貧	思	賢	妻
집 가	가난할 빈	생각 사	어질 현	아내 처

家貧思賢妻(가빈사현처) : 집이 가난할수록 어진 아내를 생각하고,

國	亂	思	良	相
나라 국	어지러울 난	생각 사	어질 량	재상 상

國亂思良相(국난사양상) : 나라 어지러울수록 어질고 양심 있는 재상을 생각하도다.

碧	海	黃	龍	宅
푸를 벽	바다 해	누를 황	용 룡	집 택

碧海黃龍宅(벽해황룡택) : 푸른 바다는 황룡의 집이 되고,

靑	松	白	鶴	樓
푸를 청	소나무 송	흰 백	학 학	다락 루

靑松白鶴樓(청송백학루) : 푸른 소나무는 흰 학이 집으로 삼는도다.

白	酒	紅	人	面
흰 백	술 주	붉을 홍	사람 인	얼굴 면

白酒紅人面(백주홍인면) : 술 빛깔은 희지만 사람이 마시면 얼굴이 빨개지고,

黃	金	黑	吏	心
누를 황	쇠 금	검을 흑	벼슬아치 이	마음 심

黃金黑吏心(황금흑이심) : 황금은 관리의 마음을 검게 만들기 쉽도다.

男	奴	負	薪	去
남자 남	남자종 노	질 부	섶나무 신	갈 거

男奴負薪去(남노부신거) : 하인은 나무를 해서 지고 가며,

女	婢	汲	水	來
여자 여	여자종 비	물길을 급	물 수	올 래

女婢汲水來(여비급수래) : 하녀는 물동이 이는 일을 하도다.

露	凝	千	片	玉
이슬 로	엉길 응	일천 천	조각 편	구슬 옥

露凝千片玉(노응천편옥) : 이슬이 맺히니 천가지 구슬 모양이고,

菊	散	一	叢	金
국화 국	헤어질 산	한 일	모을 총	쇠 금

菊散一叢金(국산일총금) : 국화가 만발하니 황금이 와서 쌓인 것 같구나.

水	去	不	復	回
물 수	갈 거	아닐 불	돌아올 복	돌아올 회

水去不復回(수거불복회) : 물은 한번 흘러가면 다시 돌아오지 않고,

言	出	難	更	收
말씀 언	날 출	어려울 난	다시 갱	거둘 수

言出難更收(언출난갱수) : 말은 한번 하면 다시 거둘 수 없도다.

脫	冠	翁	頭	白
벗을 탈	모자 관	늙을 옹	머리 두	흰 백

脫冠翁頭白 (탈관옹두백) : 노인이 머리에 쓴 관을 벗으니 백발이고,

開	襟	女	乳	圓
열 개	옷깃 금	여자 여	젖 유	둥글 원

開襟女乳圓 (개금여유원) : 여자가 옷깃을 여니 유방이 둥글고 아름답구나.

月	爲	無	柄	扇
달 월	할 위	없을 무	자루 병	부채 선

月爲無柄扇 (월위무병선) : 반달을 보니 자루 없는 부채 같고,

星	作	絶	纓	珠
별 성	지을 작	끊을 절	갓끈 영	구슬 주

星作絶纓珠 (성작절영주) : 하늘의 별은 마치 흩어진 진주구슬 같구나.

馬　行　駒　隨　後

말 마　　　다닐 행　　　망아지 구　　　따를 수　　　뒤 후

馬行駒隨後(마행구수후) : 말이 앞장서니 망아지가 따라가고,

牛　耕　犢　臥　原

소 우　　　갈 경　　　송아지 독　　　누울 와　　　언덕 원

牛耕犢臥原(우경독와원) : 소가 밭을 갈고 있으니 송아지는 들판에 누워 있도다.

月　作　雲　間　鏡

달 월　　　지을 작　　　구름 운　　　사이 간　　　거울 경

月作雲間鏡(월작운간경) : 달이 뜨니 구름 사이의 거울처럼 보이고,

風　爲　竹　裡　琴

바람 풍　　　할 위　　　대 죽　　　속 리　　　거문고 금

風爲竹裡琴(풍위죽리금) : 바람이 부니 대나무 사이에서 거문고 소리가 나는구나.

錄	水	鷗	前	鏡
푸를 록	물 수	갈매기 구	앞 전	거울 경

錄水鷗前鏡(녹수구전경) : 맑은 물은 갈매기의 거울이고,

靑	松	鶴	後	屛
푸를 청	소나무 송	학 학	뒤 후	병풍 병

靑松鶴後屛(청송학후병) : 푸른 소나무는 학을 위하여 병풍을 만드는구나.

花	落	憐	不	掃
꽃 화	떨어질 락	가련할 련	아닐 불	쓸 소

花落憐不掃(화락련불소) : 꽃이 떨어지니 너무도 애련하여 차마 쓸지 못하겠고,

月	明	愛	無	眠
달 월	밝을 명	사랑 애	없을 무	잘 면

月明愛無眠(월명애무면) : 달이 휘영청 밝아 좀체로 잠들 수가 없구나.

柳 色 黃 金 嫩

버들 유　　빛 색　　누를 황　　쇠 금　　고을 눈

柳色黃金嫩(유색황금눈) : 버드나무 빛깔은 황금같이 요염한 빛을 내고.

梨 花 白 雪 香

배 이　　꽃 화　　흰 백　　눈 설　　향기 향

梨花白雪香(이화백설향) : 배나무꽃은 흰눈과 같이 향기롭도다.

月 移 山 影 改

달 월　　옮길 이　　뫼 산　　그림자 영　　바꿀 개

月移山影改(월이산영개) : 달이 옮기면 산그림자가 자꾸 바뀌고.

日 下 樓 痕 消

날 일　　아래 하　　다락 루　　흔적 흔　　사라질 소

日下樓痕消(일하루흔소) : 해가 지면 집 그림자는 흔적이 없구나.

<table>
<tr><td>鳥</td><td>飛</td><td>枝</td><td>二</td><td>月</td></tr>
<tr><td>새 조</td><td>날 비</td><td>가지 지</td><td>둘 이</td><td>달 월</td></tr>
</table>

鳥飛枝二月(조비지이월) : 새가 나뭇가지에 앉았다가 팔락팔락 날아가고,

<table>
<tr><td>風</td><td>吹</td><td>葉</td><td>八</td><td>分</td></tr>
<tr><td>바람 풍</td><td>불 취</td><td>잎 엽</td><td>여덟 팔</td><td>나눌 분</td></tr>
</table>

風吹葉八分(풍취엽팔분) : 바람이 불면 팔랑팔랑 나뭇잎이 휘날리는구나.

<table>
<tr><td>天</td><td>長</td><td>去</td><td>無</td><td>執</td></tr>
<tr><td>하늘 천</td><td>길 장</td><td>갈 거</td><td>없을 무</td><td>잡을 집</td></tr>
</table>

天長去無執(천장거무집) : 하늘은 높고 멀어 가서 잡을 수가 없고,

<table>
<tr><td>花</td><td>老</td><td>蝶</td><td>不</td><td>來</td></tr>
<tr><td>꽃 화</td><td>늙을 노</td><td>나비 접</td><td>아닐 불</td><td>올 래</td></tr>
</table>

花老蝶不來(화노접불래) : 꽃이 시들면 나비는 오지 않는도다.

短	池	孤	草	長
짧을 단	못 지	외로울 고	풀 초	길 장

短池孤草長(단지고초장) : 작은 못에는 풀이 많이 자라지 못하고,

通	市	求	利	來
통할 통	저자 시	구할 구	이로울 리	올 래

通市求利來(통시구리래) : 큰 시장에는 장사꾼이 많이 모여들도다.

好	博	閑	忘	宅
좋을 호	도박 박	한가할 한	잊을 망	집 택

好博閑忘宅(호박한망택) : 도박을 좋아하면 집안일에는 관심이 없어지고,

看	章	細	覺	情
볼 간	글 장	가늘 세	생각할 각	뜻 정

看章細覺情(간장세각정) : 학문을 닦으려면 작은일에 관심을 두지 말아야 하는도다.

無 水 立 沙 鷗

| 없을 무 | 물 수 | 설 립 | 모래 사 | 갈매기 구 |

無水立沙鷗(무수입사구) : 물이 없는 모래사장에 갈매기는 서있고,

排 草 失 家 蟻

| 아니 배 | 풀 초 | 잃은 실 | 집 가 | 개미 의 |

排草失家蟻(배초실가의) : 풀이 없어지니 개미는 집을 잃어버리는구나.

花 作 娼 女 態

| 꽃 화 | 지을 작 | 아름다운 창 | 계집 녀 | 모양 태 |

花作娼女態(화작창녀태) : 아름다운 꽃은 미인의 얼굴 모양이고,

松 守 丈 夫 心

| 소나무 송 | 지킬 수 | 장부 장 | 사내 부 | 마음 심 |

松守丈夫心(송부장부심) : 소나무는 군자의 절개를 상징하니 장부 마음을 지키도다.

<table>
<tr><td>月</td><td>到</td><td>天</td><td>心</td><td>處</td></tr>
<tr><td>달 월</td><td>이를 도</td><td>하늘 천</td><td>마음 심</td><td>곧 처</td></tr>
</table>

月到天心處(월도천심처) : 달은 하늘에서 그 빛을 밝게 하고,

<table>
<tr><td>風</td><td>來</td><td>水</td><td>面</td><td>時</td></tr>
<tr><td>바람 풍</td><td>올 래</td><td>물 수</td><td>얼굴 면</td><td>때 시</td></tr>
</table>

風來水面時(풍래수면시) : 바람이 부는 것은 수면이 먼저 아는도다.

<table>
<tr><td>一</td><td>般</td><td>清</td><td>意</td><td>味</td></tr>
<tr><td>한 일</td><td>많을 반</td><td>맑을 청</td><td>뜻 의</td><td>맛 미</td></tr>
</table>

一般清意味(일반청의미) : 장부의 마음은 항상 뜻을 맑게 하여야 하고,

<table>
<tr><td>料</td><td>得</td><td>少</td><td>人</td><td>知</td></tr>
<tr><td>셀 요</td><td>얻을 득</td><td>젊을 소</td><td>사람 인</td><td>알 지</td></tr>
</table>

料得少人知(요득소인지) : 물욕에 젖어 돈을 욕심내니 소인임을 알겠도다.

<table>
<tr><td>馬</td><td>行</td><td>千</td><td>里</td><td>路</td></tr>
<tr><td>말 마</td><td>다닐 행</td><td>일천 천</td><td>마을 리</td><td>길 로</td></tr>
</table>

馬行千里路(마행천리로) : 말은 천리 길을 달릴 수 있는 걸음이 있고,

<table>
<tr><td>牛</td><td>耕</td><td>百</td><td>畝</td><td>田</td></tr>
<tr><td>소 우</td><td>갈 경</td><td>일백 백</td><td>밭이랑 묘</td><td>밭 전</td></tr>
</table>

牛耕百畝田(우경백묘전) : 황소는 백묘의 밭을 갈 수 있는 힘이 있도다.

<table>
<tr><td>吳</td><td>楚</td><td>東</td><td>南</td><td>坼</td></tr>
<tr><td>오나라 오</td><td>초나라 초</td><td>동녘 동</td><td>남녘 남</td><td>벌릴 탁</td></tr>
</table>

吳楚東南坼(오초동남탁) : 오나라와 초나라는 동쪽과 남쪽으로 갈려 있고,

<table>
<tr><td>乾</td><td>坤</td><td>日</td><td>夜</td><td>浮</td></tr>
<tr><td>하늘 건</td><td>땅 곤</td><td>날 일</td><td>밤 야</td><td>뜰 부</td></tr>
</table>

乾坤日夜浮(건곤일야부) : 하늘과 땅은 낮과 밤으로 갈리도다.

月	爲	大	將	軍
달 월	될 위	큰 대	장수 장	군인 군

月爲大將軍(월위대장군) : 밤하늘의 달은 대장군과 같고,

星	作	百	萬	師
별 성	지을 작	일백 백	일만 만	군사 사

星作百萬師(성작백만사) : 별은 백만 군사와 같구나.

青	松	君	子	節
푸를 청	소나무 송	군사 군	아들 자	계절 절

青松君子節(청송군자절) : 푸른 소나무는 군자의 절개를 상징하고,

錄	竹	烈	女	貞
푸를 록	대나무 죽	빛날 열	여자 여	곧을 정

綠竹烈女貞(녹죽열여정) : 푸른 대나무는 열녀의 정절을 뜻하도다.

<table>
<tr><td>林</td><td>風</td><td>凉</td><td>不</td><td>絶</td></tr>
<tr><td>수풀 림</td><td>바람 풍</td><td>서늘 량</td><td>아닐 불</td><td>끊을 절</td></tr>
</table>

林風凉不絕(임풍량불절) : 수풀 사이에 부는 바람은 서늘하고,

<table>
<tr><td>山</td><td>月</td><td>曉</td><td>仍</td><td>明</td></tr>
<tr><td>뫼 산</td><td>달 월</td><td>새벽 효</td><td>거듭 잉</td><td>밝을 명</td></tr>
</table>

山月曉仍明(산월효잉명) : 산에 걸려 있는 달은 새벽에 밝도다.

<table>
<tr><td>大</td><td>旱</td><td>得</td><td>甘</td><td>雨</td></tr>
<tr><td>큰 대</td><td>가물 한</td><td>얻을 득</td><td>달 감</td><td>비 우</td></tr>
</table>

大旱得甘雨(대한득감우) : 오랫동안 비가 오지 않다가 단비를 만나니,

<table>
<tr><td>他</td><td>鄕</td><td>逢</td><td>故</td><td>人</td></tr>
<tr><td>다를 타</td><td>마을 향</td><td>만날 봉</td><td>옛 고</td><td>사람 인</td></tr>
</table>

他鄕逢枯人(타향봉고인) : 타향에서 옛친구를 만난 것 같도다.

白 日 莫 虛 送

| 흰 백 | 날 일 | 없을 막 | 빌 허 | 보낼 송 |

白日莫虛送(백일막허송) : 세월을 뜻없이 보내지 말고 열심히 공부해야 하느니,

靑 春 不 再 來

| 푸를 청 | 봄 춘 | 아닐 불 | 다시 재 | 올 래 |

靑春不再來(청춘불재래) : 젊은 시절은 두 번 다시 오지 않는도다.

日 出 扶 桑 路

| 해 일 | 날 출 | 붙잡을 부 | 해돋을 상 | 길 로 |

日出扶桑路(일출부상로) : 해는 부상으로 솟아오르고.

暮 入 若 木 枝

| 저물 모 | 들 입 | 같을 약 | 나무 목 | 가지 지 |

暮入若木枝(모입약목지) : 질 때는 나뭇가지 위로 넘어가는 것 같구나.

燕	語	雕	樑	晚
제비 연	말씀 어	독수리 조	들보 양	저녁 만

燕語雕樑晚(연어조양만) : 제비가 처마에서 우는 것은 독수리가 노리기 때문이요.

鶯	啼	綠	樹	深
꾀꼬리 앵	울 제	푸를 록	나무 수	깊을 심

鶯啼綠樹深(앵제록수심) : 꾀꼬리가 우는 것은 숲이 우거졌기 때문이니라.

山	深	然	後	寺
뫼 산	깊을 심	그대로 연	뒤 후	절 사

山深然後寺(산심연후사) : 깊은 산속에 절이 있고,

花	落	以	前	春
꽃 화	떨어질 락	써 이	앞 전	봄 춘

花落以前春(화락이전춘) : 꽃이 떨어지지 않으니 아직 봄이구나.

猿	嘯	風	中	斷
원숭이 원	휘파람 소	바람 풍	가운데 중	끊어질 단

猿嘯風中斷(원소풍중단) : 원숭이 울음소리가 바람소리에 끊어지고.

漁	歌	月	下	聞
고기잡을 어	노래 가	달 월	아래 하	들을 문

漁歌月下聞(어가월하문) : 어부의 노래 소리가 달빛 아래서 들리는도다.

山	鳥	下	廳	舍
뫼 산	새 조	아래 하	마루 청	집 사

山鳥下廳舍(산조하청사) : 산새가 집안 대청에 내려오고.

簷	花	落	酒	中
처마 첨	꽃 화	떨어질 락	술 주	가운데 중

簷花落酒中(첨화락주중) : 처마에 핀 아름다운 꽃은 술잔에 떨어지는구나.

人　分　千　里　外

사람 인　　분수 분　　일천 천　　마을 리　　바깥 외

人分千里外(인분천리외) : 친구는 천리 밖에 떨어져 있고,

興　在　一　杯　中

일어날 흥　　있을 재　　한 일　　잔 배　　가운데 중

興在一杯中(흥재일배중) : 즐기고 노는 것은 술 한 잔 속에 있구나.

掬　水　月　在　手

움켜쥘 국　　물 수　　달 월　　있을 재　　손 수

掬水月在手(국수월재수) : 두 손으로 물을 떠보니 달 또한 손 가운데 있고,

弄　花　香　滿　衣

희롱할 농　　꽃 화　　향기 향　　가득할 만　　옷 의

弄花香滿衣(농화향만의) : 꽃을 꺾었더니 그 향기가 옷에 가득 베어있네.

興	來	無	遠	近
일어날 흥	올 래	없을 무	멀 원	가까울 근

興來無遠近(흥래무원근) : 행복이나 즐거움은 멀고 가까운 곳이 없이 오고,

欲	去	惜	芳	菲
하고자할 욕	갈 거	애석할 석	향기 방	향기로울 비

欲去惜芳菲(욕거석방비) : 가고자 하니 꽃의 향기가 마음을 붙들고 있네.

雲	作	千	層	峰
구름 운	지을 작	일천 천	층계 층	봉우리 봉

雲作千層峰(운작천층봉) : 구름은 천가지나 넘는 층계와 봉우리를 만들고,

虹	爲	百	尺	橋
무지개 홍	될 위	일백 백	자 척	다리 교

虹爲百尺橋(홍위백척교) : 무지개는 백자나 되는 다리를 만들도다.

掃　地　黃　金　出

쓸 소　　땅 지　　누를 황　　쇠 금　　날 출

掃地黃金出(소지황금출) : 일찍 일어나 땅을 쓸면 황금이 나오고,

開　門　萬　福　來

열 개　　문 문　　일만 만　　복 복　　올 래

槪聞萬福來(개문만복래) : 새벽에 문을 여니 만가지 복이 쏟아지도다.

洗　硯　魚　呑　墨

씻을 세　　벼루 연　　고기 어　　삼킬 탄　　먹 묵

洗硯魚呑墨(세연어탄묵) : 연못가에서 벼루를 씻으니 고기가 먹물을 삼키고.

烹　茶　鶴　避　煙

삶을 팽　　차 다　　학 학　　피할 피　　연기 연

烹茶鶴避煙(팽다학피연) : 선경에 차를 다려 먹으려하니 학은 연기 피하여 날아가네.

<table>
<tr><td>柳</td><td>塘</td><td>春</td><td>水</td><td>漫</td></tr>
<tr><td>버들 유</td><td>못 당</td><td>봄 춘</td><td>물 수</td><td>아득할 만</td></tr>
</table>

柳塘春水漫(유당춘수만) : 연못가에 버들이 늘어져 있으니 봄물은 천천히 흐르고,

<table>
<tr><td>花</td><td>塢</td><td>夕</td><td>陽</td><td>遲</td></tr>
<tr><td>꽃 화</td><td>산언덕 오</td><td>저녁 석</td><td>빛 양</td><td>더딜 지</td></tr>
</table>

花塢夕陽遲(화오석양지) : 산등성에 꽃이 만발하니 석양도 더디 가는구나.

<table>
<tr><td>白</td><td>蝶</td><td>紛</td><td>紛</td><td>雪</td></tr>
<tr><td>흰 백</td><td>나비 접</td><td>어지러울 분</td><td>어지러울 분</td><td>눈 설</td></tr>
</table>

白蝶紛紛雪(백접분분설) : 흰나비가 날아가니 흰눈이 나리는 것 같고,

<table>
<tr><td>黃</td><td>鶯</td><td>片</td><td>片</td><td>金</td></tr>
<tr><td>누를 황</td><td>꾀꼬리 앵</td><td>조각 편</td><td>조각 편</td><td>쇠 금</td></tr>
</table>

黃鶯片片金(황앵편편금) : 누런빛 꾀꼬리 날으니 여러 조각의 황금 쏟아지는 것 같네.

文	章	李	太	白
글월 문	글 장	성씨 이	클 태	흰 백

文章李太白(문장이태백) : 세상에 글과 시를 잘한 사람 중에서 이태백이 제일이요,

筆	法	王	羲	之
붓 필	법 법	임금 왕	기운 희	갈 지

筆法王羲之(필법왕희지) : 글자를 잘 쓰는 명필가로는 왕희지가 으뜸이로다.

春	意	無	分	別
봄 춘	뜻 의	없을 무	나눌 분	다를 별

春意無分別(춘의무분별) : 봄철이 오면 마음은 분별할 수가 없으니,

人	情	有	淺	深
사람 인	뜻 정	있을 유	물얕을 천	깊을 심

人情有淺深(인정유천심) : 세인간에 정은 깊고 얕음이 있구나.

初	月	將	軍	弓
처음 초	달 월	장수 장	군사 군	활 궁

初月將軍弓(초월장군궁) : 초생달은 장군의 활같이 생겼고.

流	星	壯	士	矢
흐를 유	별 성	장사 장	선비 사	화살 시

流成壯士矢(유성장사시) : 먼하늘 별이 흘러가니 장사가 쏘아올린 화살 같도다.

氷	解	魚	初	躍
얼음 빙	녹을 해	고기 어	처음 초	뛸 약

氷解魚初躍(빙해어초약) : 봄철에 얼음이 깨어지니 고기가 먼저 뛰어오르고,

風	和	雁	欲	歸
바람 풍	화할 화	기러기 안	하고자할 욕	돌아갈 귀

風和雁欲歸(풍화안욕귀) : 봄이 오려고 하니 기러기는 북으로 바삐 날아가누나.

高	山	白	雲	起
높을 고	뫼 산	흰 백	구름 운	일어날 기

高山白雲起(고산백운기) : 높은 산에는 흰구름이 하늘 높이 떠오르고,

南	原	芳	草	綠
남쪽 남	언덕 원	향기 방	풀 초	푸를 록

南原防草綠(남원방초록) : 남쪽 언덕에는 향기로운 풀들이 푸르고 푸르리라.

父	母	千	年	壽
아버지 부	어머니 모	일천 천	해 년	목숨 수

父母千年壽(부모천년수) : 부모님께서 오래오래 살아계시기를 기원하고,

子	孫	萬	世	榮
아들 자	손자 손	일만 만	세상 세	영화 영

子孫萬世榮(자손만세영) : 자손들은 만세를 영화롭게 번성하기를 기원하네.

竹筍尖如筆(죽순첨여필) : 대나무의 어린 순은 마치 붓과 같고,

松葉細似針(송엽세사침) : 소나무의 잎은 가는 침과 같다.

水連天共碧(수연천공벽) : 수평선에 닿은 하늘은 똑같이 푸르고,

風與月雙淸(풍여월쌍청) : 바람과 달빛은 서로 어울려 맑고 맑구나.

曳	杖	石	鷄	鷄
끌 예	지팡이 장	돌 석	닭 계	닭 계

曳杖石鷄鷄(예장석계계) : 돌이 깔려있는 길을 지팡이를 끌고 가니 계계소리 나고,

伐	木	山	雉	雉
철 벌	나무 목	뫼 산	꿩 치	꿩 치

伐木山雉雉(벌목산치치) : 산속에서 나무를 베니 벌목하는 소리가 치치하고 들리네.

蝶	翅	輕	翻	粉
나비 접	날개 시	가벼울 경	날 번	가루 분

蝶翅輕翻粉(접시경번분) : 흰나비가 날면 하얀 밀가루가 흩날리는 것 같고,

鶯	聲	巧	囀	簧
꾀꼬리 앵	소리 성	교묘할 교	지저귈 전	혀황 황

鶯聲巧囀簧(앵성교전황) : 꾀꼬리의 울음소리는 말할수없이 아름답게 들리네.

五 老 峰 爲 筆

| 다섯 오 | 늙을 로 | 봉우리 봉 | 될 위 | 붓 필 |

五老峰爲筆(오로봉위필) : 천하에 이름 높은 다섯 산봉우리로 붓을 삼고,

三 湘 作 硯 池

| 석 삼 | 물이름 상 | 만들 작 | 벼루 연 | 못 지 |

三湘作硯池(삼상작연지) : 천하 으뜸가는 세 강을 먹물로 삼아 시를 짓고 싶구나.

青 天 一 張 紙

| 푸를 청 | 하늘 천 | 한 일 | 베풀 장 | 종이 지 |

青天一張紙(청천일장지) : 푸른 하늘과 같이 넓은 종이를 만들고,

寫 俄 腹 中 詩

| 베낄 사 | 나 아 | 배 복 | 가운데 중 | 글 시 |

寫俄腹中詩(사아복중시) : 내 마음속에 있는 아름다운 시를 베끼고 싶네.

林	亭	秋	已	晩
수풀 림	정자 정	가을 추	이미 이	늦을 만

林亭秋已晩(임정추이만) : 숲속의 정자에는 가을이 이미 다가들고,

騷	客	意	無	窮
소란할 소	손 객	뜻 의	없을 무	다할 궁

騷客意無窮(소객의무궁) : 소란스럽던 손님의 뜻은 헤아릴 수가 없구나.

遠	水	連	天	碧
멀 원	물 수	연할 연	하늘 천	푸를 벽

遠水連天碧(원수연천벽) : 수평선의 하늘은 끝닿은 것 같이 파랗고,

霜	楓	向	日	紅
서리 상	단풍나무 풍	향할 향	해 일	붉을 홍

霜楓向日紅(상풍향일홍) : 단풍에 서리가 내리니 태양과 같이 붉도다.

<table>
<tr><td>山</td><td>吐</td><td>孤</td><td>輪</td><td>月</td></tr>
<tr><td>뫼 산</td><td>토할 토</td><td>외로울 고</td><td>수레바퀴 륜</td><td>달 월</td></tr>
</table>

山吐孤輪月(산토고륜월) : 산등성에 달이 뜨니 산이 달을 토해내는 것 같고,

<table>
<tr><td>江</td><td>含</td><td>萬</td><td>里</td><td>風</td></tr>
<tr><td>강 강</td><td>머금을 함</td><td>일만 만</td><td>거리 리</td><td>바람 풍</td></tr>
</table>

江含萬里風(강함만리풍) : 강은 만리의 바람을 머금은 것 같구나.

<table>
<tr><td>塞</td><td>鴻</td><td>何</td><td>處</td><td>去</td></tr>
<tr><td>변방 새</td><td>기러기 홍</td><td>어찌 하</td><td>곳 처</td><td>갈 거</td></tr>
</table>

塞鴻何處去(새홍하처거) : 하늘가에 있는 기러기는 그 가는 곳을 모르겠고,

<table>
<tr><td>聲</td><td>斷</td><td>暮</td><td>雲</td><td>中</td></tr>
<tr><td>소리 성</td><td>끊을 단</td><td>저녁 모</td><td>구름 운</td><td>가운데 중</td></tr>
</table>

聲斷暮雲中(성단모운중) : 다만 울음소리만 석양 구름 속에 이어졌다 끊어졌다 하네.

君 在 臣 先 死

임군 군　　　있을 재　　　신하 신　　　먼저 선　　　죽을 사

君在臣先死(군재신선사) : 임금이 아직 생존해 있는데 신하가 먼저 죽고,

母 在 子 先 死

어머니 모　　　있을 재　　　아들 자　　　먼저 선　　　죽을 사

母在子先死(모재자선사) : 부모가 살아계신데 자식이 먼저 세상을 떠났네.

皆 非 臣 子 義

다 개　　　아니 비　　　신하 신　　　아들 자　　　옳을 의

皆非臣子義(개비신자의) : 그 누구도 신하와 자식의 도리를 다하지 않으면 안되나,

無 奈 死 於 死

없을 무　　　어찌 내　　　죽을 사　　　어조사 어　　　죽을 사

無奈死於死(무내사어사) : 인간이 어찌 죽음에서 벗어날 수 있으랴.

擊	鼓	催	人	命
칠 격	북 고	재촉할 최	사람 인	목숨 명

擊鼓催人命(격고최인명) : 처형장에서 죄인의 생명을 북소리는 재촉하고,

西	風	日	欲	斜
서쪽 서	바람 풍	해 일	하고자할 욕	비낄 사

西風日欲斜(서풍일욕사) : 서풍이 부니 해는 서산으로 넘어가려고 하는구나.

黃	泉	無	客	店
누를 황	샘 천	없을 무	손 객	상점 점

黃泉無客店(황천무객점) : 황천으로 가는 곳에 주막이 없으니,

今	夜	宿	誰	家
이제 금	밤 야	잘 숙	누구 수	집 가

今夜宿誰家(금야숙수가) : 오늘밤은 어느 곳에서 자고 갈거나.

秋	風	唯	苦	吟
가을 추	바람 풍	오직 유	쓸 고	읊을 음

秋風唯苦吟(추풍유고음) : 가을바람은 쓸쓸하게 들리고 울적한데,

世	路	少	知	音
세상 세	길 로	젊은 소	알 지	소리 음

世路少知音(세로소지음) : 세월이 흘러가는 것을 우리가 어찌 알 수 있으랴.

窓	外	三	更	雨
창문 창	바깥 외	석 삼	지날 경	비 우

窓外三更雨(창외삼경우) : 한 밤중 창 밖에 비가 내리고,

燈	前	萬	里	心
등잔 등	앞 전	일만 만	거리 리	마음 심

燈前萬里心(등전만리심) : 등잔불을 보니 만리나 떨어진 고향생각이 절로 나네.

十　五　越　溪　女

열 십　　다섯 오　　넘을 월　　시내 계　　계집 녀

十五越溪女(십오월계녀) : 십오세의 아릿다운 처녀가 건너가니.

羞　人　無　語　別

부끄러울 수　　사람 인　　없을 무　　말할 어　　이별 별

羞人無語別(수인무어별) : 보는 사람들마다 말을 잃고 넋이 빠져있네.

歸　來　掩　重　門

돌아갈 귀　　올 래　　가둘 엄　　거듭 중　　문 문

歸來掩重門(귀래엄중문) : 돌아오는 길에는 문을 엄중히 단속하고,

泣　向　梨　花　月

울 읍　　향할 향　　배나무 이　　꽃 화　　달 월

泣向梨花月(읍향이화월) : 달빛 아래 배나무 꽃을 향하여 읊조리네.

<table>
<tr><td>昨</td><td>過</td><td>永</td><td>明</td><td>寺</td></tr>
<tr><td>어제 작</td><td>지날 과</td><td>길 영</td><td>밝을 명</td><td>절 사</td></tr>
</table>

作過永明寺(작과영명사) : 어제는 천하에 유명한 영명사 지나오는 길에,

<table>
<tr><td>暫</td><td>登</td><td>浮</td><td>碧</td><td>樓</td></tr>
<tr><td>잠시 잠</td><td>오를 등</td><td>뜰 부</td><td>푸를 벽</td><td>누각 루</td></tr>
</table>

暫登浮碧樓(잠등부벽루) : 잠시 부벽루 정자에 올라 경치를 구경하였네.

<table>
<tr><td>城</td><td>空</td><td>月</td><td>一</td><td>片</td></tr>
<tr><td>성곽 성</td><td>빌 공</td><td>달 월</td><td>한 일</td><td>편 편</td></tr>
</table>

城空月一片(성공월일편) : 옛 성은 쓸쓸하게 비어있고 달빛만 휘황한데,

<table>
<tr><td>石</td><td>老</td><td>雲</td><td>千</td><td>秋</td></tr>
<tr><td>돌 석</td><td>늙을 로</td><td>구름 운</td><td>일천 천</td><td>가을 추</td></tr>
</table>

石老雲千秋(석로운천추) : 이끼 낀 돌만이 천년의 세월을 알리는구나.

麟 馬 去 不 返

기린 린　　　말 마　　　갈 거　　　아닐 불　　　돌아올 반

麟馬去不返(인마거불반) : 기린과 말은 달려가면 다시 돌아오지 않고,

天 孫 何 處 遊

하늘 천　　　손자 손　　　어찌 하　　　곳 처　　　놀 유

天孫下處遊(천손하처유) : 젊은이들은 어느 곳이나 다니면서 놀고 있구나.

長 嘯 倚 風 磴

길 장　　　휘파람 소　　　의지할 의　　　바람 풍　　　돌다리 등

長嘯倚風磴(장소의풍등) : 휘파람 소리는 바람과 함께 돌담을 넘어 멀리 퍼지고,

山 青 江 自 流

뫼 산　　　푸를 청　　　강 강　　　스스로 자　　　흐를 유

山青江自流(산청강자유) : 푸른 산을 옆에 끼고 강물은 유유히 흘러가네.

水 國 秋 光 暮

물 수　나라 국　가을 추　빛 광　저녁 모

水國秋光暮(수국추광모) : 바닷가의 가을 하늘은 점점 어두워지고,

驚 寒 雁 震 高

놀랠 경　찰 한　기러기 안　줄 진　높을 고

驚寒雁陣高(경한안진고) : 날씨가 차가와지니 기러기떼는 높이 날으는구나.

憂 心 輾 轉 夜

근심할 우　마음 심　돌아누울 전　구를 전　밤 야

憂心輾轉夜(우심전전야) : 길 떠난 나그네 울적한 마음 온밤을 뒤척이며 꼬박 새우니,

殘 月 照 弓 刀

쇠잔할 잔　달 월　비출 조　활 궁　칼 도

殘月照弓刀(잔월조궁도) : 서편으로 지는 달모양이 마치 궁도같구나.

春	雨	細	不	滴
봄 춘	비 우	가늘 세	아닐 불	적실 적

春雨細不滴(춘우세불적) : 봄철의 이슬비는 옷깃을 적시지 못하고,

夜	中	微	有	聲
밤 야	가운데 중	가늘 미	있을 유	소리 성

夜中微有聲(야중미유성) : 깊은 밤에 작은 소리만 들리는구나.

雪	盡	南	溪	漲
눈 설	다할 진	남쪽 남	시내 계	넘칠 창

雪盡南溪漲(설진남계창) : 봄철에 눈이 녹으니 남쪽 시냇물은 넘칠 듯이 흐르고,

草	芽	多	少	生
풀 초	씨앗 아	많을 다	젊을 소	날 생

草芽多少生(초아다소생) : 풀잎의 싹들은 다투어 자라나는구나.

獨　坐　無　來　客

홀로 독　　앉을 좌　　없을 무　　올 래　　손 객

獨坐無來客(독좌무래객) : 아무도 찾아오는 이 없고 홀로 앉아 있으니,

空　庭　雨　氣　昏

빌 공　　뜰 정　　비 우　　기운 기　　날저물 혼

空庭雨氣昏(공정우기혼) : 정원은 텅 비어 있고 석양에 부슬비만 오도다.

魚　搖　荷　葉　動

고기 어　　움직일 요　　연꽃 하　　잎 엽　　움직일 동

魚搖荷葉動(어요하엽동) : 고기가 뛰어놀면 연꽃잎도 따라서 움직이고,

鵲　踏　樹　梢　翻

까치 작　　뛸 답　　나무 수　　나무끝 소　　뒤집힐 번

鵲踏樹梢翻(작답수소번) : 까치가 나뭇가지 끝을 걸어다니니 나뭇잎이 뒤집히도다.

琴 潤 絃 猶 響

거문고 금　젖을 윤　악기줄 현　오히려 유　소리 향

琴潤絃猶響(금윤현유향) : 거문고줄을 타니 소리가 더욱 곱고,

爐 寒 火 尚 存

화로 노　찰 한　불 화　오히려 상　있을 존

爐寒火尚存(노한화상존) : 화로에는 추위와 불이 함께 있구나.

泥 途 妨 出 入

진흙 니　길 도　방해할 방　날 출　들 입

泥途妨出入(니도방출입) : 진흙길은 오고가는데 방해가 되어,

終 日 可 關 門

마침 종　날 일　옳을 가　관문 관　문 문

終日可關門(종일가관문) : 하루종일 걸어도 겨우 관문에 도착하는구나.